我们
本可以
这样
爱孩子

鲍阅————著

中国妇女出版社

图书在版编目（CIP）数据

我们本可以这样爱孩子 / 鲍阅著. -- 北京 ：中国妇女出版社，2023.9
ISBN 978-7-5127-2256-9

Ⅰ.①我…　Ⅱ.①鲍…　Ⅲ.①家庭教育　Ⅳ.①G78

中国国家版本馆CIP数据核字（2023）第005020号

选题策划：王海峰
责任编辑：王海峰
封面设计：末末美书
责任印制：李志国

出版发行：中国妇女出版社
地　　址：北京市东城区史家胡同甲24号　　邮政编码：100010
电　　话：（010）65133160（发行部）　　65133161（邮购）
网　　址：www.womenbooks.cn
邮　　箱：zgfncbs@womenbooks.cn
法律顾问：北京市道可特律师事务所
经　　销：各地新华书店
印　　刷：小森印刷（北京）有限公司

开　　本：150mm×215mm　1/16
印　　张：14.75
字　　数：130千字
版　　次：2023年9月第1版　　2023年9月第1次印刷
定　　价：49.80元

如有印装错误，请与发行部联系

再版序言

我的第一本家庭教育著作《爱的觉醒：成长自己，成就孩子》出版至今，已有大约 6 年时间。当出版社告知我他们想再版这本书的时候，我感到欢喜雀跃。

这是一个快节奏的时代，很多书红极一时，最后却成了过眼云烟。这本书，经历了 6 年的优胜劣汰，还能获得再版的机会，我想其中一个很重要的原因是书中的观点经得起时间的考验。这是让我觉得欣喜和庆幸的地方。

这些年，一直有读者跟我联系。有人说这本书带给他们启迪，带给他们豁然开朗的感觉。有人说他们会把这本书放在床头，痛苦的时候就看一看，看一会儿就会觉得心里舒服一些。让更多人深受启发的是我在书中关于“心理反哺”的解读，他们一直困扰于跟父母的关系，但在这本书里找到了答案。

很多人一开始看这本书，是为了更好地教育孩子。最终，他们发现，教育的本质是自身的成长。只有完成跟原生家庭的和解，才能够给孩子更好的爱。

比如，有一位40多岁的女性，她的孩子10岁了，她的母亲已近古稀之年。她知道自己的母亲一生劳苦，她也知道自己应该尽孝道让母亲安享晚年。可是，因为童年时期缺乏母亲的陪伴，长大后又更多地要承接来自母亲的情绪，她就是不愿意跟母亲亲近，甚至给母亲打个电话都不情不愿。

她因此时常陷入痛苦的挣扎中，内心常常出现矛盾的声音。一个声音是这样的："母亲岁数大了，你现在应该大度一点儿，不要计较曾经缺失的母爱，不要计较母亲那些曾经伤害过自己的行为，要好好地对待母亲。"另一个声音则是这样的："你小时候，她没陪过你。一直以来你要更多地去理解她，接纳她的情绪。她什么时候能够更好地理解你呢？"

是的，她经常陷入这样的冲突中，也经常陷入自我质疑中，不知道哪个声音是对的。直到看了这本书，尤其是反复读了有关"心理反哺"的内容，她才充分地理解了自己的"不情愿"。10岁以前，她是留守儿童，是爷爷奶奶养大的。

可以说，她最需要母亲的时候，母亲没有陪在她身边。她缺乏与母亲的情感联结，在生命早期缺少带有温情的母爱。

这样，长大后再跟母亲团聚，她自然就与母亲生分很多。而且，由于早年错失母亲的陪伴，她一直以来既不会跟母亲撒娇，也不会跟母亲表达自己的情感和需要。然而，母亲面对她时在情绪层面从不曾有过收敛。她一直体谅母亲的不容易，能理解母亲，也很心疼母亲。也就是说，她一直在“反哺”母亲，她的心理能量越来越少。于是，她自然没有能量去滋养自己的孩子，实现做一个好妈妈的愿望。

像这样的人很多，他们小的时候，父母没能陪在他们身边。他们长大后，即便回到父母身边，与父母之间总像是隔着一层东西。他们明明是爱父母的，但是并不知道如何去表达，甚至不知道如何更好地与父母相处。

很多这样的人都觉得问题出在自己身上。他们也希望与父母有融洽的关系，但他们无论如何努力都做不到。

这样的人，在我们身边，无处不在。

这本书或许是我们梳理自身成长经历的一个起点。看到了问题的本质，我们才有可能借助专业的力量完成自我疗愈。内心少了许多纠结，能面对真实的自己，我们才能对自己多一份接纳。

这样，我们才有勇气跟父母表达长久以来压抑在心底的愤怒与不满，虽然我们也曾担心这样会破坏关系。我们会意外地发现，当压在心底的情绪得到真实的表达后，我们跟父母的关系反而亲近了。

只有真实的言行，才能增进关系。那些让我们十分压抑的感受，每时每刻都在输出。如果内心不顺，我们的任何行为，即使是在我们看来充满爱的行为，也会让对方感受到“别扭”。

作为一名心理咨询师，我非常幸运地见证了成百上千的小伙伴踏上一条觉醒之路。他们每个人都活得越来越真实、越来越轻松。随着他们的内在更加自洽，他们的各种关系也更加融洽。很多人跟我结缘是因为这本书，这是这本书可以再版让我欣喜的一个重要原因。

我感到欣喜的同时，也有些许担心和顾虑。写这本书的时候，我只有二十五六岁，初为人母，现在看来书里有些观点还不够成熟。但这也正是本书的原生特点之一，请大家多担待。

我们每一次回首，都会发现自己多年前的行为、想法、状态等有点儿幼稚、青涩，甚至带有特定年龄段的偏执。但是，不同阶段的我们，都是那么珍贵而独一无二。这本书也是我那个时候能拿出的最好的作品。

这次再版，我和出版社的编辑经过多次商量，将全书的结构进行了颠覆性的调整。同时，为了使全书架构更完善、内容更饱满，我对一些文章进行了大幅修改。

另外，过去的这些年，很多朋友将《爱的觉醒：成长自己，成就孩子》这本书用作读书会的素材。为了使读书会的读者在阅读本书时有更多的收获，我针对每一章设置了一些问题。带着这些问题进行互动，大家会有更多的思考和成长。因此，可以说，这本书将以全新的面貌出现在大家面前。

最后，非常感谢中国妇女出版社给予本书的机会，感谢编辑老师的辛苦付出，感谢读者一如既往的支持。

常言道“活到老，学到老”，我们学习、修行的目的是：接纳自己，接纳孩子；成长自己，成就孩子！

鲍阅

2023 年 2 月 22 日于苏州

目录

第一章

爱孩子最好的方式，是父母的自我疗愈

很多家长尤其是母亲的焦虑，要么源于过度重视理论，从而被理论所绑架；要么源于找不到正确的方式方法……归根结底，我们对于孩子成长的特点和心理规律还不够了解。希望更多的父母在教育孩子的路上，能不断修炼自己！爱孩子最好的方式，是父母的自我疗愈。

第二章

让“健康的爱”滋润孩子成长

要给孩子健康的爱，打造界限分明的亲子关系，父母应先活出最好的自己，给孩子以正向的示范和激励，而不是为了爱孩子而百分之百地付出自己。否则，孩子终究不会成为我们期待的样子，而只会成为我们本来的样子！

第三章
“不健康的爱”多是父母犯的错

所有父母都有自己的教育理念。不仅如此，几乎所有父母都觉得自己的教育理念没有问题，直到孩子出现问题，才发现为时已晚。父母不能按照符合人类需要的方式尊重孩子的个体需求，任意践踏孩子的自主权，毫无疑问是在伤害孩子。

第四章

教育从来不是孩子的功课，而是父母的修行

越来越多的家长意识到，养育孩子的过程实际上是一个自我成长的过程。修行，不是改别人，而是修自身。向外求，幸福的前提是外界符合自己的期待，期待落空就会带来痛苦；而向内修，幸福永远在我们手中。

第五章

别让“扭曲的亲子关系”毁了你的孩子

教育的本质是家长的自我修行。当受伤的内心得到疗愈，我们便不会把自己未完成的期待赋予孩子，孩子也可以在安全自由的环境里活出自己的样子。父母若不修炼自己，甚至需要汲取孩子的内在能量来滋养自己，必然会伤害孩子。

第六章 在孩子人生早期，就要给他“适合的爱”

健康的爱，是科学的爱，是符合孩子成长规律的爱，是真正能满足孩子心理需求的爱。家长不能凭个人喜好，把自己的意愿强加到孩子身上。多少悲剧的发生，恰恰是因为父母的爱更多是出于自己的需要，而不是孩子的需要。

第一章

爱孩子最好的方式，是父母的自我疗愈

爱孩子最好的方式，是父母的自我疗愈

上中学时，我曾对自己的亲人夸下海口，信誓旦旦地说要写一本关于家庭教育的书。初生牛犊不怕虎！或许那时我就清晰地意识到自己今生的使命与此相关，这可能和我从小生长的家庭环境有关。

我爷爷奶奶对孩子的教育用两个字可以概括——溺爱，而我的姥爷姥姥则正好相反，他们把苛责做到了极致。我的父亲是从小被惯大的家中幼子，而我的母亲是从小在挑剔和苛责中长大的家中长女。可想而知，这样的两个人的结合注定以分离为结局。从小游走于两种极端家庭教育模式中的我，很小的时候便觉知：人世间的悲剧多源于极端的教育方式。

失败的家庭教育无外乎走了两种极端：一种是养育人无条件溺爱孩子，导致孩子无视规矩，漠视规则，甚至锒铛入狱；另一种是养育人过度严厉，教育孩子时甚至违背个体基本的成长规律。

然而，两者殊途同归，最终受伤的都是孩子。

是的，正如越来越多的家长所焦虑的一样，教育孩子最重要的是爱与规矩的天平如何平衡，爱与自由的度如何把握！

事实上，教育从来不该如此费力。爱孩子是母鸡都会做的事情，我们不该如此焦虑。

对孩子而言，成长是一个耳濡目染的过程。我们对待孩子的方式，其实就是父母养育我们的方式。

像我一样刚刚做父母的这一代人的父母出生于物质生活相对匮乏的时代。在那样的时代，很多家庭物质生活都难以得到保证，何谈对孩子的科学养育？！当时人们习得的教育模式很多与教育的本质背道而驰。

相较而言，我们的孩子是幸运的。在当下，在物质生活和精神生活无比丰富的情况下，我们有时间和精力来思考和探索如何更好地教育我们的孩子！但这条路仍然任重道远！我们并不是都能很好地掌握教育的度，仍很容易走极端。

我们努力的方向是给孩子健康的爱，然而前提是要让健康的爱在我们与我们的父母之间流淌起来，正如我的父母受我的影响帮我照顾女儿的过程。接近花甲之年，我的父母才开始学习如何健康地爱自己的孩子。

很多时候，与其说是我们在教育孩子，不如说是我们在接受孩子天真纯朴的爱的洗礼。你可能也有这样的感受，孩子远比成人懂得爱与被爱，他们身上永远有一股爱之清泉在自然地流淌。我们在自己的成长过程中饱受摧残，很多时候要在养育他们的过程中寻回最好的自己，做回健康的自己，让自己真正成长起来。

孩子的问题在家长，家长的问题在童年。

古语讲："三岁看大，七岁看老。"这里面蕴含着无穷的智慧。越来越多的家长意识到早期教育对孩子影响深远，试图给孩子更好的早期教育。而现实是，很多家庭，父亲长期缺位，母亲一个人照顾孩子吃喝拉撒。由于习得的育儿理论不系统，其中好多又是彼此对立的，很多母亲陷入空前的焦虑中……

此外，现在很多孩子的父母都是独生子女，孩子的爷爷奶奶、姥爷姥姥都争先恐后地想要参与到孩子的教育中来，从而导致不能尊重父母是孩子第一养育人这一事实的情况频频发生。因此，如何让孩子的各个养育人各归各位，也是目前家庭教育的重要课题！

我是一名心理咨询师，我工作中接触的大量个案告诉我：很多家长尤其是母亲的焦虑，要么源于过度重视理论，从而被理论所绑架；要么源于找不到正确的方式方法……归根结底，我们对于孩子成长的特点和心理规律还不够了解。

以上都是我一直在研究的课题，我希望自己能做好！

医生面对病人时要用到的很多东西都不是从书本中学来的，毕竟那种以人为本的懂得共情的情怀是任何照本宣科的学习都学不来的。合格的父母也不是仅仅通过照本宣科的学习能修炼成的，因为一颗真诚的能真正体察孩子的心并不是通过书本学习能修炼成的。

希望更多的父母在教育孩子的路上，能不断修炼自己！

爱孩子最好的方式，是父母的自我疗愈。

不能治愈自己，就爱不了孩子

一个人孩提时期会把父母的形象以及父母对待自己的方式内化到自己的心里，成年之后甚至会按照这种既定的关系模式处理自己的各种社会关系。

有一次，我到一家公司工作，不久就怀孕了。我为此深感内疚，感觉自己还没有为公司作什么贡献就成了公司的累赘和负担，感觉欠领导的人情似乎很难还上。我的一个同事感觉非常奇怪，他说："女员工孕期享受照顾合理合法。你虽然怀孕了，但你的业绩并不差。你并没有因此耽误工作，至于这么内疚吗？"

是呀，我已经很努力了，为什么我会如此内疚呢？我不断地追问自己。其实，类似的情况一直伴随着我，出现在一个团队的时候，我十分害怕自己成为团队的负担，因此总是十分努力。我不止一次问自己为什么会有这样的心理。我慢慢地觉察，这和我小时候的经历不无关系。父母离异之后，我是奶奶抚养大的，奶奶非常辛苦。周围的人总是有意无意之间流露出对奶奶的心疼和对我的埋怨。很多时候，我明显感觉到，他们认为我拖累了奶奶。因此，我的心里总有这么一个包袱。

这样的内疚一直深深扎根于我的心里。因此，在任何一种关系里，别人对我很好而我却无以为报的时候，我就会深感内疚。如果没能达到别人的期许，我甚至会有十分强烈的负罪感！

这样的情结通常还会成为我的手段。我特别容易内疚，也喜欢通过让别人内疚的方式控制对方。比如，跟初恋男友相处的那段时间，我很没有安全感，在和他的相处中总是很忐忑，不知道这段关系能不能长久。这样的交往让男友很累。他想分手，我不愿意。之后，我对他相比之前更好，想让他因为内疚而不得已维系这段关系。

生活中，我见过太多女性控诉婆婆对自己的忽视，其实很多时候这种“被忽视感”源于原生家庭父母对我们的忽视，比如母亲更宠哥哥、父亲更爱弟弟等。带着这样的心理长大的女性，到了婆家，必然遭遇“被忽视”的处境，婆婆不可能在乎你胜过在乎她的孩子。

不仅如此，这种心理模式常常导致我们忽视自己。一次，我的一个朋友说：“老公在家的时候，婆婆会做很多好吃的，而老公不在家的时候，那就是另一番情景。”我问：“你老公不在家的时候，你会做好吃的给自己吗？”她说：“不会呀。如果老公不在家，我就热点儿剩菜对付一下。”

感觉总被人忽视的人，本身就习惯忽视自己，不爱自己。再好的人也有弱点，你都不爱自己，不把自己当回事，人家怎么爱你？总因为这样感觉委屈的人，常常看不见自己对自己的忽视。

一次，我在某地做讲座的时候，有个学员向我分享了她的困惑。

> 我曾经做过一些连自己都感觉十分荒谬的错事。我上小学时，家里条件不好，我平日里的穿着总是补丁摞补丁。每每看到别人穿着好看的衣服，我心里都很难受，感觉自己的生活很糟糕。

有一年的儿童节，父亲说："如果你能参加学校的六一晚会，我就给你做一套新衣服。"我好开心，盼着有机会参加六一晚会。可我是一只丑小鸭，我没有这样的机会。我十分渴望有一套新衣服，于是我第一次向父亲撒了谎。

我拥有了新衣服，但我没有机会参加表演。看着别人参加表演，我心里很难过。又想到自己向父亲撒了谎，我心里十分内疚。

父亲知道实情后，没有打我，只是说了一句："你小小年纪，这么虚荣！"从那以后，这句话一直刺激着我，以致我后来又犯了好几个更大的错误。我讨厌自己，简直不敢相信自己能干出那些事。每每想起这些，我心里都特别难受。现在，这样的经历仍在影响我与老公的相处。

我该如何面对这些？我感觉自己好猥琐。

这位女士是一个高中生的母亲。她小时候，父亲对她极其严厉。她父亲已经过世多年，但她父亲严厉的形象仍深深地刻在她的内心。当年她的需求本该得到尊重和理解，但她却被父亲形容为"虚荣"。这对她来讲几乎是一场灾难，她由此认同了自己的"虚荣"。在成长过程中，她心中的父亲形象，会经常挑剔她，让她憎恨自己。不但如此，她内心的父亲形象还会逼着她挑剔自己的丈夫和女儿。

内心的纠结有主体，就有客体。她内心有内化的挑剔的“父亲”，与此相对应的是害怕被挑剔的自己。她内心越是有一个害怕被挑剔的自己，越容易关注到外界对自己的挑剔。如果外界没有人挑剔自己，那么她内化的挑剔的“父亲”便会活跃起来，挑剔别人。挑剔别人其实也是一种对自己的保护，越是挑剔别人的人，越是怕别人挑剔自己。“挑剔”与“被挑剔”如影随形。

她经常挑剔自己的丈夫和女儿。又有一次，她向我倾诉道：“今天早晨，女儿又向她爸要钱买零食，她爸又是无条件满足了她。看着他们的互动，我内心的火不由得蹿了起来。首先，我生女儿的气。她已经这么大了，我已与她交流过很多次：过多的零食对身体没有好处，只有坏处。为什么她就是不接纳？其次，我生她爸的气。女儿从小到大每次张口要钱，他从不知道拒绝。结果，女儿爱零食胜过三餐！我一直在反思，真不知道自己哪里做错了。我唯一能做的是睁一只眼闭一只眼，只当什么都没看见。然而，我内心还是过不了这道坎儿。我尝试改变这些，可结果总是让我失望！我该怎样帮助女儿？”

很明显，她烦恼的根源不在丈夫，也不在女儿。她继续向我倾诉：“女儿的生活已经很好了，她为什么还不懂得珍惜？她居然吃那么多零食。我小时候可没有这样的待遇。我上高中后每次放假回家，父亲见到我时都会说：‘讨债鬼回来了！’每每想到这样的场景，我感觉自己心都要碎了！我甚至感觉自己是多余的，是累赘，是不值得别人爱的。因此，我恨自己，讨厌自己。

“我真想不到我与父亲的纠葛会这么强烈地影响我的生活。真的，我真恨当时的父亲，他那么伤害我。我原以为那些痛苦会随着时间的流逝逐渐被我忘记，我真的没想到这一切会如此深刻、如此持久地影响我……”

健康的爱一定来自成功的自我疗愈。我们不能治愈自己，就不能给孩子健康的、有益的爱！

先做好自己，才能教好孩子

有一次，一位来访者向我讲述生活中的困惑。她说她总因为两件事情生气：一是她某个同事一遇到什么事情就推卸责任；二是她老公经常不等孩子做完作业就带孩子出去玩儿。她经常因为这两件事发脾气，但事后又会因为深感后悔而对同事和老公表达歉意。

事实上，这两件事情都与责任有关。生活中这样的人不在少数，这样的情况大致可以分为两种。

一种情况是当事人本身没有责任感，但是又不能接纳自己的不负责。这样的人一旦发现周围人有不负责任的表现，就会很气愤。这实际上是外界的“不负责”勾起了他们对自己“不负责”的不接纳。

另一种情况正好相反，当事人责任心太重，因此承受了过多的压力，活得很辛苦、很累。这样的人潜意识里其实很期待自己也能够偶尔像上面案例中的“同事”和“老公”那样“不负责”。

我带着这位来访者做意象对话。在做意象对话的过程中，她感觉自己很累，不自觉地就看到了弟弟的形象，她说她想对弟弟说：“你能不能别什么事情都找我。”

到这时，她才明白，原来她一直觉得自己有责任和义务帮助弟弟买房、买车等。长期背负着这样的压力，她感觉自己活得很辛苦。也是到这时，她才明白，她之所以对同事和老公的行为不能理解，多半的原因在自身。当我们追溯她这些行为的心理动因时，我们才发现这和她的成长经历有关，和她长期以来积压于心底的情绪有关。

显然，她的情况更符合上面所说的第二种情况。她的内心好像有一对互相矛盾的钩子——不时地在向不同的方向拉扯她。实际上，她内心也渴望自己能像她所批判的对象那样“不负责”。然而，对方的“特质”是她可望而不可即的，她因此感觉身心俱疲。她总是用责任捆绑自己。对方很轻松地推卸责任，激活了她长久以来被压抑的不满，致使她把内心的情绪毫无控制地发泄出来。

类似的情况在我身上也时常发生。从小到大我都是让父母非常省心的那种孩子，不但自己很独立，还能帮助父母做家务。而我的妹妹到上高中的时候，连洗袜子甚至洗内裤这样的事情还需要爸爸妈妈代劳。还有，妹妹动不动就像小孩儿一样和爸爸撒娇，这让我很是看不惯。

事实上，我内心特别渴望像妹妹一样，做回父母的孩子。一直以来，不懂得担当的父亲，并没有正确地站在父亲的位置上。继母含辛茹苦地照顾着全家，要同时承担父亲和母亲的责任。我很多时候也在扮演母亲的角色，要照顾妹妹、洗衣、做饭……我没有办法做回父母的孩子，但内心十分渴望像妹妹一样能经常跟爸爸撒娇，享受父母的关爱和照顾。

其实，我们大多数人，内心都有一对互相矛盾的钩子——在向不同的方向拉扯我们。一个方向是我们当下的自己，另一个方向是我们想要成为的那个自己。妹妹的行为常常勾起的正是我特别想找回的那一部分自己。

如果我们用心观察，不难发现，在大多数多子女家庭，总是至少有一个特别让人省心的孩子，但也总是至少有一个特别让人操心的孩子。热播电视剧《欢乐颂》中，樊胜美就是家中那个特别懂事、特别独立、特别要强、特别懂得付出的孩子，而她的哥哥恰恰相反，买房子需要妹妹帮忙付首付，房贷需要妹妹帮忙还，自己的孩子需要妹妹帮忙管，甚至在外面闯了祸也要找妹妹分担责任。

这样的情况在生活中并不少见，在有姐弟组合的家庭更为常见，正如本文开头讲到的那个来访者的家庭。如果这样的家族中重男轻女的思想比较严重，那么这种现象更加常见。大多数情况是，姐姐勤劳、上进、独立、有出息，弟弟则好吃懒做、一事无成。由此，父母会更加偏心："你看你弟弟这个样子，你一定要多多照顾你的弟弟。"

在这种情况下，很多姐姐在潜意识层面为了证明自己是优秀的，为了证明自己是值得被爱的，常常会扮演一个不计回报、甘愿付出的"好女儿""好姐姐"形象。这样的姐姐如果在潜意识里无比渴望得到父母的肯定，就必然会像樊胜美一样陷入为哥哥或者弟弟不计回报地付出的无底洞。

我一个朋友就面临着这样的情况，但她的处理方式，我是十分赞赏的。每当她妈妈开口说"你要照顾你弟弟"时，她就会这样回复——"他是你的儿子，不是我的儿子"。这样的话看似不近人情，却十分在理。这可能才是对自己、家人更负责任的处理方式。

再回到我前面所说的那对矛盾的钩子。刚才我所讲的情况，都是当事人渴望成为自己做不到的那个自己。现在我们看看另一种情况——当事人不能接纳自己。这样的人本身不能接纳自己身上的很多特质，一旦看到身边的人有相同或者类似的情况，就会不自在甚至十分愤怒。

比如，我的一个朋友常和我说："我曾经特别讨厌我的公公，无法接纳他的很多行为。然而，经过长时间的觉察，我发现——虽然我非常不愿意承认——我所讨厌的公公的许多行为，我也有。"

不得不承认，我自己也有这种情况。很多时候，我特别不能接纳母亲的某些行为，而这些行为我也常有。比如，母亲有段时间经常用苛刻的卫生标准挑剔我，我很抵触，甚至十分反感。可是她不在我身边的日子里，一旦我焦虑了，就会用我的卫生标准挑剔婆婆和老公。我挑剔他们和母亲挑剔我如出一辙。可见，很多时候，我们之所以不能接纳别人的某些行为，恰恰是因为我们有类似的行为。这种情况的根源是我们对自己的不接纳。

父母与子女，互为对方的影子，都能通过彼此看到自己最真实的样子。我们很难看清自己，只缘“身在此山中”。我们可以通过父母或者子女看到自己的样子，但即使这样，我们很多时候还是不愿意承认这个事实，更不愿意改变自己。比如，有一位母亲常对我说：“我孩子脾气越来越不好，我该怎么办？看见他这样，我就忍不住，常常批评他。其实，我脾气就不好，我真不希望孩子像我。”

我觉得这是一个无解的问题。家长是原件，孩子是复印件。孩子在生活中耳濡目染，自然会习得父母的诸多特质。父母不能接纳自己的样子，更不希望孩子成为自己的样子，你说怎么办？正如我刚才讲的那位母亲，她明明不喜欢自己暴躁的脾气，也不希望孩子像自己一样，但还是忍不住会用这样的方式应对孩子的问题。请问，生活在这样的家庭环境中的孩子如何习得好性格、好脾气？

正因如此，我们身边很多家庭对孩子的教育常常处于这样一种纠结的状态：父母每天呈献给孩子的是一个自己也不喜欢的模板，但是又不想让孩子成为这种模样。矛盾自此产生，并且不可调和！这样的家教往往是失败的。家长不懂得自修，不注重自身的成长，从没想过改变自己，却非要强迫孩子不跟自己一样，这简直是天方夜谭！

那些在家庭教育上非常成功的父母则恰恰相反，他们不会刻意地在孩子身上使劲儿，他们会修炼自己，做一个让自己满意的人。例如，想养育出快乐的孩子，父母就不能每天郁郁寡欢、愁眉苦脸；渴望培养出勤劳上进的孩子，父母就不能每天好吃懒做、游手好闲；等等。

如果父母不懂得自修，不注重自身的行为，还会导致另一个极端。很多时候，家长身上的某些特质（如行为、习惯等），家长越不接纳，孩子越容易习得。

比如，父亲喜欢打牌，母亲特别讨厌打牌。如果母亲经常对自己的儿子说“你长大了千万别像你爸一样嗜赌成性”，普遍的情况是，孩子长大后可能会成为赌徒，因为母亲一直在进行负强化。

再比如，如果母亲不能接纳自己的婚姻，感觉自己太辛苦，因而常常嘱咐女儿“你长大后千万别像妈妈这样累”。那么，这样的女孩子长大后很容易像母亲一样对婚姻充满抱怨。

这样看来，家庭教育是否能成功多半取决于父母。父母通过不断的努力，解除内心不断向不同方向拉扯自己的互相矛盾的钩子，消除内心的冲突，真正与自己和解，而不是把自己的问题代际传递给儿女，才可能在家庭教育上取得令人满意的结果。

接纳自己，接纳孩子

从事心理咨询工作这些年，我发现，一个人内心的成长和他本身的接纳能力有莫大的关系。接纳度越高的人，成长越快，成长之路越顺畅。反之亦然。

我对此深有体会。比如，我挑剔我老公和婆婆的时候，通常都是我身体不舒服、有负面情绪、压力大的时候，尤其是没及时完成工作的时候。在这样的情况下，我不自觉地就会把愤怒发泄出来，从而伤及别人。幸运的是，我现在已经开始反省。

一个人对自己的接纳度有多高，对别人的接纳度就有多高。一个整天看别人不顺眼的人，实际上对自己的接纳度也非常低。一个整天对世界充满抱怨的人，实际上对自己身上的缺点也总是耿耿于怀。

这样的人在我们周围并不少见。他们每天不是抱怨自己的爱人懒惰、不体贴，就是抱怨孩子不听话、不孝顺，甚至抱怨生活，抱怨命运。这样的人大多没有什么爱好，没有更高的人生追求。他们从内心对自己的生活极其不满，以致不能很好地接纳自己，当然也不能很好地接纳周围的人。因为对自己不够接纳，他们郁积的负面情绪会越来越多，时间长了就会全盘投向外界。他们会不断地怨天尤人，好像全世界都在跟他们作对。

这样的人养大的孩子，自然会有不少问题。家长一旦把这样的情绪投射到孩子身上，孩子不出问题很难。

那么，问题来了。有朋友问我："我可以接纳我的缺点、我的抱怨……然后呢？比如懒惰，我可以接纳我的懒惰。那我就一直懒下去吗？我怎么提高自己呀？"

这是一个很好的问题，我用一个案例来回答。我非常喜欢的网球运动员李娜 2014 年 1 月 25 日获得了自己的第二个大满贯冠军。当时，我在网络上看了赛后采访。有记者问李娜：如果没有现在的教练，你会拿到这个冠军吗？李娜说：我不知道，或许不会；第一次见到现在的教练时，我就觉得他与众不同，他当时对我说：“运动员不需要赢得每一场比赛。”

也许正是教练的这句话，让李娜有了平和的心态。多么治愈的一句话！运动员不需要赢得每一场比赛！同理，我们也不可能把每件事都做得完美无缺，因此没有必要倾尽自身全部能量关注过往，以更饱满的热情和充沛的能量“打好当下的球”或许才是最重要的。

看过体育赛事的人都明白，世界顶级选手一起角逐的时候，他们之间的差距微乎其微，真正决定比赛结果的往往是选手的心态。人生路上，激烈的角逐一个接着一个，我们一定要有一颗从容淡定的心。

所以，接纳不完美不是不上进，不是不思进取，而是智慧地接纳已经发生的事情，接纳无法改变的事情，接下来我们才有能量做出改变。

我几乎会让每一个参加我课程的学员画一幅图，确切地说是画一个圆圆的大饼。这个大饼由过去、当下和未来三部分组成。之后，我会让每个人计算一下，每天会花多少能量关注过去，会花多少能量关注当下，又会花多少能量关注未来。

结果表明：耗费很多能量懊恼、悔恨，不接纳已经发生的事情的人幸福指数很低，他们的婚姻关系、亲子关系、同事关系等都不会很好；而耗费许多能量担忧未来的人，当下的生活状态也不会很好，幸福指数也不高。

只有能坦然地接纳过去，不耗费过多精力担忧未来，淡定地安驻当下的人才会幸福。

有一段时间，一位同事在工作上遭遇瓶颈，每天生活得十分痛苦，希望我帮她联系一名心理咨询师。我们聊着聊着，忽然发现我们的父母都是在我们同样的年纪离婚的。说起过去的事情，她说上学期间特别担心老师让学生拿户口本到学校，尤其担心同学看见她家的户口本。她极其不希望同学知道她的父母已经离婚。也就是说，她一直没有接纳父母离婚这个事实。

因此，我也就理解了她的纠结。已经发生了近 20 年的事情，她仍不能接纳，无法释怀，怎么可能快乐！同样面对父母离婚的事实，我从小到大从来没觉得父母离婚是一件多么难以启齿的事情，毕竟这又不是我能左右得了的。相反，我常常听到老师和同学的家长说：“你看鲍阅，人家虽在单亲家庭长大，却那么优秀！”

很多时候，影响我们的不是某些事情本身，而是我们对这些事情的解读。

让我们回到孩子的问题。正在为孩子的问题而苦恼的父母，要想解决孩子的问题，首先要学会接纳不完美的自己，接纳不完美的孩子，接纳当下。

很多家长在孩子出现问题时来找我，并急匆匆地对我说："你帮帮我的孩子。你让我做什么都行，只要孩子能好起来。"孩子身上的问题与生活环境息息相关。我想说的是，我在帮"问题孩子"之前，好像得先帮帮"问题孩子"的父母。

某大学分尸惨案凶手的母亲听到儿子行凶杀人的噩耗时几近崩溃，实际上这已经不是儿子第一次出现暴力问题。这个孩子在读中学时就曾两次割腕自杀，第一次发生于初一上学期，第二次发生于高一上学期。这位母亲说，从初一到高一是一个阶段，从高中到大学又是一个阶段，明明一切都恢复正常了，为什么又发生了这种事？

孩子不可能无缘无故地自杀，这背后一定有强烈的心理动因。可惜，多少父母与上面这位母亲一样，只希望孩子像其他孩子一样完成学业，根本无法接纳孩子的任何问题；只希望自己的孩子像其他孩子一样上大学，甚至不惜隐瞒、忽视孩子的心理问题。这样的父母完全不会关注孩子的心理健康。正如上面的例子一样，孩子虽然可能按照父母的期待回归学校，但是其内心的问题终有一天会酿成恶果。

要解决孩子的问题，先要接纳孩子的问题。道理很简单，但不见得所有父母都懂。

我又想起以前接待过的一位来访者。我带她做意象的时候，她在意象里哭得很惨，哭完后又和父母在意象里对话。结束之后，她告诉我她异常轻松。原来，她从小到大，她的父母都不能接纳她的哭。因此，尽管她很需要用哭的方式来释放积压在心中的负面情绪，但她从来没有机会痛快淋漓地哭。

这样的事情好像每天都在发生，我们身边有很多父母每天都在制止孩子哭。当然，我们身边也有很多父母每天都在制止孩子做这做那，只要是他们看不惯的事情，孩子就不能做。殊不知，问题的种子从此就种下了。

真正的爱，是接纳孩子，静下心来理解孩子。健康的教育是，在孩子出现问题之后放下别人看待自己的眼光，放下曾经对孩子的各种期待，接纳孩子的问题，接纳孩子真实的样子。

其实，我们应该感谢孩子。因为孩子会通过各种“问题”提醒我们，让我们反省，让我们成长，帮我们解除内心那一对矛盾的钩子，从而让我们遇见更好的自己。

父母遇见了更好的自己，也就遇见了更好的孩子，孩子的问题也就不攻自破了。所以，要解决孩子的问题，父母首先要做的是接纳自己，接纳孩子本来的样子！

阅读互动

一、阅读本章，你有哪些触动和收获？

二、日常生活中，孩子的哪些行为会触动你的负面情绪？请写下孩子的这些行为。

三、结合问题二的答案，请你觉察，孩子的这些行为为什么会触动你？

四、从时间的维度来讲，我们每日关注的事件分别属于过去、当下和未来。有的人常常对过去的痛苦耿耿于怀，有的人常常担忧未来。实际上，只有全身心关注当下，我们才能能量满满地面对每一天的生活。

请以饼状图的形式将你每日的能量分配进行形象化的呈现。也即，你每天分别用多少能量关注过去、当下和未来。

同时，你也可以好好思考一下，面对孩子的时候，你分别会用多少能量关注孩子的优点、孩子的缺点和孩子本身，并以饼状图的形式进行形象化的呈现。

第二章

让“健康的爱”滋润孩子成长

越健康的爱，越需要界限

人际界限不清，在我们的生活中是一个较为普遍的问题。举个简单的例子，在我的老家东北，若到亲戚家去做客，吃饭的时候，主人会不停地催你多吃点儿，不断地为你夹菜。你表示吃饱了，对方还是会不停地让。这在我们看来是热情的表现。实际上，不只在东北，很多地方好像都有这样的情况。我们甚至认为这是个不错的传统，毕竟客为上！与此类似的事情，更是数不胜数。实际上，从人际交往的角度来讲，这就是人际界限不清。

在某些问题上，人际界限不清带来的问题不可忽视，有时候甚至是灾难性的。例如，存在于亲子之间的人际界限不清问题就很容易引发家庭教育上的或者说孩子成长上的问题。

日常生活中，人际界限不清在亲子之间表现得尤为明显。每个人都是一个独立的个体，与外界应有清晰的界限。然而，在很多父母眼里，孩子是父母的财产，孩子怎么生活父母负有主要责任，孩子做什么决定都应该经过父母的批准……也就是说，这样的父母把孩子的事情当成自己的事情。在我们周围，这样的情况非常普遍。例如：孩子高考后报考什么学校、什么专业，父母有话说；孩子谈恋爱，选择什么样的对象，父母要干涉；孩子的职业选择，父母要参谋；等等。孩子越小，父母干涉孩子自由的现象越普遍，很多父母甚至大包大揽。

殊不知，很多家庭悲剧，很多家庭的痛苦，很多失败的家庭教育，都是这种“跨界”导致的。家长事无巨细地为孩子包办一切，导致孩子上了大学还不能离开家长的羽翼独立生活的例子，我们听说过不少。

为什么会这样？因为父母越界了！表面上看，这种情况是孩子离不开父母，实际上是父母离不开孩子。

可怕的是，这种现象还会一代一代形成恶性循环。

活生生的案例一次又一次证明，没有界限的亲子关系带给孩子的不是爱，是伤害，至少不是健康的爱。很多家长常不离口的一句话是：“只要你好，我为你做什么都愿意。”这话看似是说给孩子的，实际上是说给自己的。这句话的潜台词是：“如果这些我都做不到，作为父母我是不称职的。”实际上，孩子真的需要吗？有些时候，家长什么都不做或者少做，才是为孩子好。

那么，什么样的家教才是好的家教？什么样的爱才是孩子需要的爱，才是健康的爱？有界限的爱！健康的爱，要有界限。要做到这一点，亲子之间心理上的分离是第一步。

孩子出生后前6个月在心理学上叫作共生期。共生期过后，母亲或者养育者要懂得给孩子营造属于他的个人空间，以满足他正在萌芽的自我意识或者独立意识，否则孩子会非常痛苦，内心会滋生愤怒。如果母亲或者养育者事无巨细地为孩子包办一切，那么孩子就会逐渐错过自我意识和独立意识萌芽的最佳时期。在无微不至的关怀下，孩子甚至会逐渐失去发展自我意识的绝佳时机。渴望独立，却又无法真正独立，孩子会非常痛苦。孩子会不停地尝试与母亲分离，但是泛滥的母爱终会慢慢地消磨掉他的意志。

母子之间或者亲子之间心理上的分离对孩子的健康成长非常重要。孩子在内心与母亲或其他养育者分离，类似于分娩。出生是身体层面的诞生，心理分离则是心理层面的诞生。没有跟母亲完成心理分离的孩子，无法独立生活。很多二三十岁还没能与母亲从心理上分离的孩子，一辈子都无法实现心理上的断乳，一辈子都无法独立，无法真正活出自己的人生。

曾经有一名大学生向我咨询职业规划的问题。

我问她：“你自己喜欢做什么呢？”

她说：“我也不知道自己喜欢什么。小时候，我身体不好，妈妈为了照顾我辞去了工作。后来，我到外地读高中，妈妈为了照顾我便租住在学校附近。爸爸一个人在家生活。就是在那个时候，爸爸有了外遇。

“我妈这辈子为我付出太多了，为了我牺牲了自己的工作，甚至牺牲了和我爸爸的婚姻。高考后填报志愿的时候，我没想过自己喜欢什么。我妈说学会计将来好找工作，我就报了会计专业。我不能辜负我妈为我做的那些牺牲，但是我似乎不是做会计的料……”

一个还没有走出校园的孩子，却已经在精神上背负了这么沉重的负担，她怎么可能活得快乐！这个母亲为了孩子，完全放弃了自我。这对母女的关系非常类似于孩子出生后6个月内的母子共生关系。

每个生命都是独立存在的。要给孩子健康的爱，就必须分清界限。否则，孩子未来不可能成为我们期待的样子，只可能成为我们本来的样子。从这个角度看，爱孩子的前提，是我们要试着活出一个健康、快乐的自己。根据享誉世界的心理学家温尼科特的理论，0～6个月的孩子对母亲的依赖属于绝对依赖，6～24个月的孩子处于相对依赖的状态，2岁的孩子就开始独立了。因此，孩子需要母亲（养育者）全身心关注自己的时间，最长也就两年。对于2岁以后的孩子，母亲（养育者）要懂得适时退出。

记得有位名人曾说过：“做父母并非易事，身教比言传更重要。别把劲儿都使在孩子身上！如果你是一个快乐的人，有责任感，有情绪管理能力，孩子会模仿你的。”

关于如何爱孩子，关于怎样才能给孩子健康的爱，关于什么样的爱才是界限分明的爱，我们不妨好好揣摩一下这一席话。

总而言之，要给孩子健康的爱，要打造界限分明的亲子关系，父母先要活出快乐的自己，以给孩子示范和激励，而不是为了爱孩子而百分之百地付出自己。

教育的重点在于防患于未然

一次，我去参加高级家庭教育指导师的培训课程，讲师问了大家这样一个问题：心理咨询师与家庭教育指导师的工作有何不同？

我百思不得其解。后经老师点拨，有同学道出了其中的差异：心理咨询重在治疗，是出现问题时的补救；而家庭教育指导重在预防，应该贯穿于日常生活，是没有出现问题时的防患于未然。

防患于未然！我一直在追求的“上工治未病”的理想。

大学毕业后，我做的第一份工作跟教育相关，但这份工作我只做了半年，就毅然辞职了。在做这份工作期间，我每天面对的是正在读小学或者初中的孩子。其中，大多数孩子都有学习上甚至行为上的问题，因此他们被父母送到我工作的一对一辅导机构。几个月的工作经历让我清楚地认识到，我能够为这些孩子和这些家庭做的事情非常有限。这些孩子中的大多数行为习惯已经定型，并且很难改变。而他们的家长根本没有意识到问题的根源在哪里，只是机械地认为，我花了这么多钱把孩子送过来，你们帮我教好就行了，我不需要再做什么。但是，试想一下，每天陪孩子长大的父母都没有把孩子教育好，都不能把孩子教育好，交几个钱找个辅导机构就能解决问题了？由此，我更加确信，如果家长不能做出改变，孩子的问题很难得到解决。

后来，我又到了一个早教机构工作。我奢望在这里能帮到很多家长，但结果同样让我失望。在该早教机构工作两年多的过程中，我发现无论是家长还是早教机构的工作人员，更多地把关注点放在培养孩子的早期能力和为孩子的身体发育提供充足的营养上，很少关注孩子的心理健康。例如，有一位家长在孩子 8 个半月的时候将其送来，要求我们的老师教孩子学习爬行。为什么呢？因为这位家长发现他的孩子在家里一趴着就哭、8 个半月了还完全不会爬，因此非常焦虑。这样的案例不胜枚举。

实际上，孩子的大运动发展是需要良好的外界刺激的。例如，虽然俗话说“三翻六坐八爬”，但如果孩子在出生后 2 个月内躺着不动，到 3 个月的时候也不可能一下子就学会翻身。再如，如果在孩子 7 个月之前不曾给孩子学习爬行提供适宜的环境，孩子到 8 个月时一下子学会爬也是不现实的。

总而言之，从这样的案例中，我逐渐意识到，无论对于多大的孩子来讲，家长的观念以及能否为孩子提供适当的成长环境都至关重要。

然后，我转行做心理咨询。我希望通过不断的学习带给家长更成熟的经验及指导，从而更正向地影响家长，指导家长！

一路走来，我的职业目标非常清晰。我的工作以心理咨询和家庭教育指导为主。我从事家庭教育指导工作的初衷本就是多做一些在家庭教育层面能防患于未然的工作。

那么，当面对本文开头的那个问题时，我为什么会百思不得其解呢？

我仔细分析后发现，这与我过去接待的求助者有关。长期以来，无论是找我做心理咨询的来访者还是向我咨询家庭教育相关问题的家长，都是自身或者孩子出了问题才来找我的。如果不是因为自身或者孩子出现了行为问题或者心理问题，他们可能从来不会想到要寻求外界的帮助。

我 25 岁的时候，建了一个名为“爱心伴孩子成长”的 QQ 群，并邀请很多好友进群。当时，我的一个挚友拒绝入群，他说：“这对我来讲也太早了吧。”但那以后不到两年的时间，他做了父亲。这时，他才向我感慨，后悔自己没早些做准备，后悔没有提前学习一些先进的教育理念和育儿方法。

我们目睹了太多的人间悲剧，其中大多源于失败的家庭教育。这和父母在教育上的无知不无关系。很多父母从来没有学习过如何做父母，想当然地以“为孩子好”的名义毁了孩子的一生。这样的父母大有人在，你我身边都有。

很多悲剧，偶然中有着必然。我们不应等出了问题才开始反思和忏悔，而是要在教育层面尽量做到防患于未然。有些问题一旦出现，很可能无法补救！天下没有不爱孩子的父母，但是好的初衷也可能酿成惨痛的后果。

爱是需要学习的。

培养孩子的规则意识

曾有家长这样问我：“鲍老师，应该如何给孩子立规矩呢？什么时候开始给孩子立规矩比较合适呢？有人说越早越好，甚至从孩子出生起就要给孩子立规矩。但是这时候的孩子还不能很好地表达自己的想法，太严了吧，怕伤到孩子；太松了吧，又担心纵容了孩子。这个度该如何把握呢？”

从事早期教育工作期间，我不止一次思考过这个问题。有了孩子之后，我也曾无数次被这个问题困扰。后来，我慢慢发现，我们之所以会被这个问题困扰，是因为我们很多时候把爱和规矩对立起来了。实际上，爱和规矩并不矛盾。为孩子立规矩，本身也是爱孩子的表现。

曾经听朋友讲过这样一个小故事。

> 一位文化水平不是很高的单身母亲辛辛苦苦培养出了一个非常优秀的孩子。后来，有记者采访这位母亲："您是怎么培养出这么优秀的孩子的？"朴实的母亲回答道："打！"记者说："打孩子？您不心疼吗？"这位母亲说："我打他的时候知道轻重，他也因此能意识到自己的错误。我若不打他，将来肯定会有人打他。到那时候，那可能是不管死活的打。"

多么朴素的教育理念！虽只言片语，却发人深省。不难看出，打孩子只是手段，这个母亲的目的是培养孩子的规则意识。每个人最终都要走出原生家庭，走向社会。一个没有规则意识的人，在社会上肯定会处处碰壁。不往大了说，一个习惯为所欲为的孩子，即使在幼儿园也会遭到小伙伴的排斥和老师的批评。不可否认，这可能影响孩子的社会性发展。

那么，怎样培养孩子的规则意识呢？怎样才能在培养孩子规则意识的同时让孩子感受到家长的爱呢？我们不妨从孩子幼儿甚至婴儿时谈起。

著名心理学家温尼科特认为，孩子 6 个月以后将进入对母亲的相对依赖阶段。这时候，母亲无须再像之前那样呵护孩子，对孩子有求必应。也即，这时只要适度满足孩子的需求就可以了，甚至可以试着让孩子感受挫折，让孩子学习正确应对挫折。

温尼科特认为，在这个阶段，一位合格的母亲是一位懂得根据孩子的需求指导孩子何时以何种方式忍受失落和挫折的母亲。这不仅能锻炼孩子应对现实的能力，更是孩子体验自己能力的绝佳机会。温尼科特认为，他之所以这么讲，是因为这个时期是孩子探索外部世界的第一个最为活跃的时期。孩子的破坏性行为从这个时期开始会越来越多地出现。在这个时期，给孩子立规矩，培养孩子的规则意识，可谓再合适不过了。

谈谈我自己的经验。我女儿这么大的时候，像任何一个正常的孩子一样对周围的世界充满了好奇，经常伸出自己的小手动动这里、碰碰那里。是的，她的破坏性行为越来越多。更让我苦恼的是，她的很多行为极具危险性。我知道，我应该试着引导她，让她知道什么样的行为是应该做的，什么样的行为是不应该做的，什么样的行为是应该受到限制的。

我是怎么做的呢？通常来讲，对于她的任何一个行为，我都会有一个大致的预期。比如，有几天她非常喜欢捏香蕉。每次她捏香蕉的时候，我都不会立刻制止她。我会让她捏几下，并会告诉她香蕉很好吃。当然，我不会任由她无休止地捏下去。她捏的时候，我会观察她的表情和行为。当发现她对这个动作的体验大致得到满足的时候，我就会适当地制止她。

再比如，有一段时间，她喜欢一张一张地把抽纸盒里的纸往外抽。每次她有这种需求的时候，我并不会第一时间阻止她，而是会给她一盒纸让她抽。同样，在她抽纸的过程中，我会观察她抽纸时的表情和动作。当发现她对抽纸这个动作的体验基本得到满足的时候，我就会告诉她不能再继续了。

事实上，这都是给孩子立规矩的好机会。如果我们能抓住这些机会教育孩子，潜移默化地影响孩子、引导孩子，孩子的规则意识慢慢地就建立起来了。由于好奇心强，孩子什么都想尝试，这是本能，也是权利。对于家长来讲，最重要的是有一个正确的心态。比如：“好吧，你想尝试，不是不可以。你想干什么就干什么，但是这并不表明你能无休止地尝试甚至破坏。”给孩子探索的机会，孩子才有机会成长。不给孩子放纵的机会，孩子才能健康成长。相反，如果我们从一开始就介入，就制止，就指责，孩子的好奇心会越来越强，探索欲会越来越强烈，破坏能力也会越来越强。如此，就别谈什么规则了！没有释放，就没有收敛。

用一句话概括，孩子有需求的时候要让孩子尝到甜头，但是这并不表明孩子可以无休止地提要求。在这个过程中，有一点非常重要，那就是家长打断和制止孩子时的态度。根据著名心理学家科胡特的要求，就是要做到不含诱惑的深情和没有敌意的坚决。怎么理解这两个要求呢？

不含诱惑的深情指的是，家长对孩子的爱应该是无条件的。日常生活中，很多家长常对孩子说：“你要是再这样，妈妈就不爱你了。你得听妈妈的话，这样才是好孩子！”殊不知，这样的爱是有条件的。这给孩子的感觉是，他只有服从家长，才值得被爱。

没有敌意的坚决具体指在拒绝孩子的时候不要让孩子感受到你的敌意。换句话说，建立规则的同时满足孩子的成长需求且不伤害孩子的心理体验，这就是没有敌意的坚决。

再回到上面的例子，我的女儿有一段时间特别喜欢抽纸盒里的纸。那段时间，我通过观察发现，她对抽纸这件事很是迷恋。我当然不能每次都拒绝或者制止她。我的做法是，先拿出一部分纸收起来，给她留下一部分纸让她抽。等她抽一会儿之后，我会仔细观察她的反应。如果她抽纸这个需求已经得到满足，我就会制止。当然，也有这样的时候，她的需求还没得到满足，我就开始制止了。她若是闹，我会让她再抽一会儿。

总而言之，要循序渐进地让孩子理解某件事情不能无休止地做。我们应该根据孩子的接受能力，不断地让孩子接受甚至直面现实中的小挫折，这是规则意识建立的心理基础。相反，如果我们一味地制止，孩子的需求得不到满足，何谈规则意识的建立？若是一味制止，孩子的心理需求终有一天会爆发式释放，以致没有补救的余地。

举个生活中常见的反面例子，有的爸爸性格比较急，对孩子的行为稍不满意就会横加制止。结果，这样的方式完全不奏效。时间长了，孩子对爸爸的话完全不当回事。至此，规则变成了无规则。

当然，更别说任意地放纵孩子了，那与规则意识的建立更是背道而驰！

让孩子从小懂得感恩

2016 年 5 月 24 日，我国某省向姓少年向母亲索要 6 万元不成，之后竟伙同朋友殴打母亲，最后导致母亲死亡。

2016 年 8 月 2 日，江西 33 岁的何某将母亲打得嘴角青紫、眼睛红肿。何某一直在家啃老，母亲劝其出去找工作，何某嫌母亲唠叨，便摔了十几个盘子。何母又气又急，恨儿不成器，一把将何某玩游戏的电脑摔坏。结果，何某大怒，将母亲按倒在地，对其拳打脚踢。

……

类似的事情层出不穷。日常生活中，轻则顶撞父母，重则对父母拳打脚踢的孩子比比皆是。到底哪里出了问题？这些人为何人性尽失？十月怀胎，一朝分娩，含辛茹苦，养育成人……换来的却是这样的结局！父母能不心痛吗？孩子的感恩心在哪里？其实，这跟孩子所受的家庭教育有着千丝万缕的关系。

父母对孩子的付出，本应是最值得孩子感恩的。孩子对父母的感恩之情本不需要培养，与生俱来，家长其实不需要做什么，不去破坏就可以。那么，上面提到的案例中的孩子到底经历了什么？他们是如何失去感恩之心的呢？我认为可以从以下几点入手讨论这个问题。

亲子关系淡薄

这是最主要的一个原因。绝大多数不懂得感恩父母的人与父母的感情都很淡薄。其中很多人小时候都有长时间跟父母分离的经历。

爱孩子是母鸡都会做的事情，爱父母是乌鸦都懂的道理。孩子爱父母这件事根本用不着教育，是一种本能。从小缺乏感知父爱、母爱能力的孩子，可能道义上会成为一个“表面的孝子”，但内心深处跟父母的联结无论如何都不会很好。这是家庭教育的悲剧，也是为人父母的悲剧。

完全以孩子为中心

一次，一位母亲对我说：“孩子小时候其实还挺贴心的，有什么好吃的都知道让爷爷、奶奶、爸爸、妈妈先尝一口。可是，后来我们太惯着她了。家里条件不好，家里有什么好吃的我们都先紧着她吃。比如，只给她买牛奶。我和她爸爸、爷爷、奶奶很多年都没有喝过牛奶。

“她八九岁的时候，有一次她想看电视，我没及时给她遥控器，她竟然说：‘要是你们全都死了就好了，我想干什么就干什么。’听了这话，我很吃惊，很伤心，但没当回事儿，只是以为她还小，她大了、懂事了就好了。

“谁知道她越来越变本加厉，比如沉迷网络、经常逃课……我一说她，她就翻脸。有一次，她竟然动手打我。”

过于以孩子为中心，一味纵容，缺乏规则教育，只能让孩子的感恩心一点一点消失殆尽。要教会孩子照顾别人的感受，要告诉孩子这个世界不是以他为中心的，要让孩子学会共情，这样他才能学会感恩，才能真正长大。

拒绝孩子的分享行为

我大女儿2岁左右时，每次吃东西都会和我们分享。我们若不想吃她递过来的东西，她会硬往我们嘴里塞，一般我们都会接受。但是她若把好吃的食物递给婆婆的时候，婆婆总是拒绝。

对此，我经常提醒婆婆："妈，你总是不要的话，她以后真的就不给你了。"婆婆没有把我的话当回事。时间长了，女儿若有吃的只给我和先生。我问："你给奶奶了吗？"她会说："奶奶不吃。"

这是婆婆多次拒绝女儿之后女儿习得的印象。婆婆慢慢地意识到了自己的问题，从那以后凡是女儿递给她的食物，她都会尝上一口。

这样一来，女儿有好东西再不会把奶奶忘记了。

感恩是一种习惯，是一种行为习惯，更是一种心理习惯。当然，感恩也是共情能力的一种延续。如果你不能让孩子养成这样一种习惯，无疑是在扼杀孩子的感恩能力。

剥夺孩子做事情的权利

现在，很多孩子缺乏生活自理能力。比如，很多孩子连鞋带都不会系。许多小学生如此，有的初中生甚至高中生也是如此。一个人骨子里的自信来自自己的生存能力以及生活自理能力。一个衣来伸手、饭来张口的孩子，肯定体会不到劳动背后的辛苦。当被家人呵护成近乎废人的时候，孩子对家庭、对亲人实际上恨大于爱！他会反感父母对自己的养育模式，他也不希望自己连最基本的生活自理能力都没有。当意识到对同龄人来讲再平常不过的事情对自己来讲却困难重重的时候，他不仅会愤怒于自己的无能，更会怨恨父母——是父母的养育模式害了自己。

父母没有感恩意识

生活有苦就有甜，如同一张纸，有正面就有背面。生活中，很多人常常关注事物的背面，总是满腹埋怨。比如，我们享受着社会发展带给我们便利的时候，从没有想过要感恩。再如，一旦哪里出了点儿问题，我们就会有各种不满和指责。眼里只能看到问题的人，在家里扮演父母角色的时候，很容易将自己的负能量传递给孩子。一个在自己的日常生活中体会不到感恩的孩子，不可能学会感恩。任凭你用三寸不烂之舌告诉他“你要懂得感恩”，他也不可能学会！感恩教育真的需要家长身体力行。

若希望孩子懂得感恩父母、感恩社会，我们首先要懂得感恩，这是关键。不懂得感恩的父母培养不出懂得感恩的孩子。

单亲家庭，孩子如何健康成长

现如今，离婚率逐年攀升，单亲家庭越来越多。经常有单亲家长问我：“孩子多大的时候告诉他父母离婚的事实更好？怎么和孩子说，孩子更容易接纳？”

我的第一感觉是，能问出这种问题的家长，本身对自己离婚这个事实就不能接纳。这样的家长常常担心自己的离异会给孩子造成伤害，甚至长期因此心存内疚。

作为心理咨询师的我，接触过很多离婚个案。很多父母在婚姻里已经感受不到幸福，曾经无数次动过离婚的念头，却迟迟不能下定决心。其中最重要的原因是想给孩子一个完整的家，希望孩子健康快乐地成长！

如果一段婚姻里没有爱，只有争吵、怨恨、背叛甚至家暴，那么这样的家庭注定不会幸福。试想一下，孩子生活在这样的家庭里，能好吗？

越来越多的事实告诉我们，在一个没有爱的家庭，父母的争吵和冷战对孩子的伤害非常大！

相较于离婚这件事本身，父母对于离婚的看法更为关键

孩子多大时告诉他这件事情更合适，或是怎么告诉他更合适？这些并不重要，重要的是你对离婚这个事实的看法。如果你能够接纳离婚这个事实，很享受自己的选择，相信自己可以给足孩子健康的爱，能让孩子看到离婚的积极一面，能让孩子生活得开心，那么一切相关问题就不攻自破了。

如果你能乐观阳光地迎接未来的生活，这潜移默化地会对孩子产生积极的影响。如果你整天愁眉苦脸、以泪洗面，孩子不可能快乐！因此，作为当事人的你，能否积极面对离婚这件事情非常关键！

父母相互攻击，孩子最受伤

孩子的生命一半来自父亲，一半来自母亲。孩子是父母的结合体，孩子在潜意识里会不自觉地与父母产生不可逆的联结。如果父母一方总是攻击另一方，实则就是攻击孩子，孩子会很受伤。

离婚之后，不去攻击对方，而是尽量多地在孩子面前念及对方好的一面，对孩子十分重要。著名导演王为念曾经多次感恩前妻，他认为，他与前妻离婚以后，前妻抚养孩子过程中从来不在孩子面前说他的不好，这对孩子的健康成长功不可没。

热播电视剧《小爸爸》的许多剧情也在这方面给了我们一些富于正能量的启示。

夏天回国寻找爸爸时，于果表现得非常差，毫无担当，让人愤恨。为了能和现任女友看上电视，他竟让夏天站在外面举着天线，导致夏天被蚊子咬得满脸是包。

可是，夏天从不跟爸爸计较这些，因为妈妈已经在他的心里种下了"爱的种子"，为他塑造了一个正面的父亲形象。最终，夏天用纯洁的爱唤醒了于果，他们父子俩后来谁也离不开谁。正是因为这样，无论遇到多大困难，于果都想争回夏天的抚养权。

拒绝对方探视，就是剥夺孩子感受爱的机会

现实生活中有很多极端的案例。例如，夫妻双方离婚以后，抚养孩子的一方拒绝另一方探视孩子。这样很容易导致的结果是，有一半的亲人孩子基本见不到。

因此，要想让孩子健康快乐地成长，一定要保证来自父母的爱的完整性。即便离婚了，也要让孩子感受到来自父母双方的爱时时刻刻都在，这样孩子的心里才不会产生太多阴影。

我 4 岁的时候，父母离异。我长大之后，很多认识我的人都不止一次对我说："完全看不出你是在单亲家庭长大的。"我要感谢养育我的父亲、爷爷和奶奶，他们几乎从未说过母亲的不是。每次母亲来看我，家里人都很欢迎，包括继母在内。

单亲家庭的孩子若惧怕婚姻，可能是父母离异导致的

对于任何一段关系的破裂，当事人都有责任。婚姻关系也是如此。夫妻双方不反思自己的过错，而是一味地互相抱怨，很容易让孩子畏惧婚姻，甚至对异性产生莫名的仇恨。这一点实在要不得！

单亲妈妈或者单亲爸爸一定要有一个健康的心态，尽量不要让自己失败的婚姻影响孩子的婚恋观。

重组家庭依然可以很有爱

有一次，一位单亲妈妈问了我这样一个问题：“在缺乏父亲的家庭，男孩长大了会不会缺乏阳刚之气？”为了消除这位母亲的担心，我说中国历史上从来不缺母亲凭一己之力养出优秀儿子的案例。每个女人身上都或多或少有男性的特质。既然母亲一个人能够撑起一个家，能既当爸爸又当妈妈，那么孩子就一定能够感受到母亲阳刚的一面。当然，最好的办法是抱着积极乐观的心态，迎接另一半的到来。在重组家庭，继父同样可以给男孩树立榜样。

我是在重组家庭长大的，我跟继母没有血缘，却胜似亲

生母女。我的姥姥——继母的母亲，本是大家闺秀，知书达理，善解人意。我小的时候，继母每次回娘家，姥姥都会嘱咐继母："你要善待鲍阅。"继母养育我的过程中，宁愿委屈她的亲生女儿——我的妹妹，也不愿意委屈我。所以，在与继母将近 20 年的相处中，我感受到了真正的母爱。这对我的人生观产生了许多积极的影响。

综上，只要我们有一个积极的心态，能接纳离婚的事实，能乐观地组建新的家庭，而不是一味地攻击、抱怨另一半，孩子依然可以感受到来自父亲、母亲的健康的爱，从而健康地成长。

我，就是一个例子！

阅读互动

一、阅读本章，你有哪些触动和收获？

二、很多父母会溺爱孩子，因为他们内心有一个在童年十分受伤的自己。他们将在童年十分受伤的自己投射到了孩子身上，不忍心给孩子立规矩。你在给孩子立规矩的时候，有哪些挑战？你又打算做哪些调整？

三、很多父母对孩子十分严厉，他们有意无意地在沿袭自己的父母对待自己的方式。你是这样的父母吗？如果有这样的觉察，你会调整自己的行为吗？你会如何调整？

第三章

“不健康的爱”多是父母犯的错

许多父母一直在犯的七种错误

所有父母都有自己的教养理念。不仅如此，几乎所有父母都觉得自己的教育方式没有问题，直到孩子出现问题，才后悔莫及。每一种文化也都有自己的某些特定属性，并让人们形成了固有的思维定式。就我们身边的许多家庭教育模式来讲，长期延续的一些基本的教育观念在无形之中影响着我们对待孩子的方式。

下面，我要讲的是我们身边许多家庭最容易犯的七种错误。也许你觉得自己身上不存在这些问题，但是如果你能一点一点反思自己教育孩子的方式，反思自己对于家庭教育的理解，你可能会发现自己也一直在犯类似的错误。

错误一：不接纳孩子的性别

孩子都是母亲十月怀胎的结果，想必天底下没有父母不爱自己的孩子。爱孩子，是人的本能。但是，受各种因素的影响，很多父母对孩子的性别是有期待的。比如，在重男轻女的家庭，妈妈自然更希望生个儿子；已经有个男孩的家庭，特别希望有个女孩；等等。对于一个孩子来讲，若是其性别不被接纳，他就不能好好生活。

生活中，这样的例子太多。

对孩子有性别期待的父母在孩子出生之后会通过各种方式表达自己的期待。这样的孩子能感受到自己的性别不被接纳，从小就很懂事、很独立，但这种独立在心理学上被称为“假性独立”。因为这种独立的背后是，孩子要向父母证明：“我是值得被爱的，我不比别人差。”由此，越是独立的孩子，越想通过自己的行动博得关注，有些人甚至一辈子都没能真正地为自己而活。无论如何努力，无论取得多么值得骄傲的成绩，他们内心深处的自卑都挥之不去。

有些人可能认为，这种事情一般发生在以前，现在的父母不会做出这样的事情。我想说的是，你错了。现在仍有人在做这样的蠢事。比如，很多父母把男孩当女孩养，或者把女孩当男孩养。有时候，你可能觉得你的行为是无心之举，但有些事对孩子来讲是天大的事情。

错误二：不允许孩子说出自己的需要

很多家长习惯给孩子灌输这样的观念：“千万不能给别人添麻烦。”这句话的潜台词是不鼓励孩子勇敢说出自己的需要。这样的孩子总是忽视自己的需求，事事替别人考虑。这看似很好，实则不然。为什么这样讲？因为这样的孩子在与人交往的过程中通常不敢表达自己的真实需要，这导致的结果是孩子自己的需求长时间得不到满足。

这样的孩子长大后，由于习惯忽视自己的需求，根本不知道自己想要什么。

这样的人在婚姻里更容易栽跟头。举个例子，我见过太多在婚姻里遭遇不幸的女人，这不是因为她们不好，而是因为她们太好。她们习惯了付出，习惯了替别人考虑，从不知道自己需要什么，从不表达自己的需要。

错误三：为孩子包办一切

很多父母总是以“为孩子好”的名义，替孩子做各种决定。曾看过一则报道，一个自杀未遂的 28 岁女博士在医院哭诉：“我妈让我干的事，我都替她完成了。我就是死了，也对得起她了。”

对孩子最好的教育是让孩子从小为自己的人生做主、负责。是的，你生育了孩子，但是你并没有权利为孩子的人生做主。这种包办型的父母大多比较强势，缺乏共情能力，以致伤了孩子却不自知，甚至还扬扬自得——“看！我为孩子做了那么多。”孩子从未真正为自己活过，这对孩子来讲是一种悲哀。

错误四：不允许孩子表达观点

很多父母对孩子的管教很严厉，有些父母甚至不允许孩子有不同的意见。在这样的家庭，孩子的想法一旦与父母所想相悖，父母就会大加斥责：“你懂什么？我吃过的盐比你吃过的米都多！听我的！”久而久之，孩子就没有了主见！

错误五：扼杀孩子的创造力

我看到过太多这样的情景：孩子拿起一个玩具，准备用自己的方式玩耍，家长一把抢过去并说：“你笨啊！应该这么玩！”

很多孩子的想象力就这样一点一点被父母的“应该这么玩”“必须这样做”消磨掉了，孩子的创造力也因此一点一点被扼杀了。

错误六：剥夺孩子追求爱情的权利

现在，大龄“剩男剩女”越来越多，许多父母为此愁眉不展。其实，这种情况很多都是父母一手造成的。人在青春期会萌生爱意，这是天性使然。然而，很多父母会说：“你现在要以学业为重，考上大学再谈恋爱。”等孩子上了大学，他们会说：“你看看现在就业压力多大，你要学好专业知识，最好参加工作后再谈恋爱。”等孩子大学毕业了，他们又会说：“先立业，再成家。有了好的事业，才能拥有好的婚姻。”没完没了！别觉得奇怪，真的有这样的父母！

错过了最佳的恋爱时期，很多人此后再也找不到谈恋爱的感觉。即便步入婚姻，有些人也从未体验过什么是激情四射。更有人一直处于等待另一半出现的痛苦挣扎中……

错误七：剥夺孩子思索人生的权利

不得不说，我们现在的教育太功利了。有一次，我在家里读《道德经》，我的一个长辈说："现在谁还读这个呀？"我突然想起，我小时候想要看课外书时，父母也会这样提醒我："把书本知识学好，考个好学校，找个好工作，比看那些闲书强多了！看那些有啥用呀？"我相信这样的父母不在少数。如此，孩子从小就被剥夺了思索人生的权利。也许正是因为这个原因，越来越多的人在富足的物质世界迷失了自己，越富有，内心越空虚。

以上所讲的每一点，都会影响一个人的生活模式和处事方式，甚至会影响一个人一生的幸福。比如：那些从小性别不被接纳的人，会认为自己不值得被爱；那些从小不被允许表达内心需要的人，可能一辈子委曲求全，苛刻自己；等等。父母不尊重孩子的需要，任意践踏孩子的自主权，一定会伤害孩子。

谈谈我们身边奇怪的“老大文化”

如果大家留心一下，不难发现，我们的家庭教育中存在一种“老大文化”。

在奉行老大文化的家庭，无论家里的老大比弟弟妹妹大几岁，都要有“哥哥样”“姐姐样”，都要“让着小的”。

我一个出生于20世纪50年代的老师曾对我说：“我小时候，家庭条件不好。我上小学的时候，每天早上父母都会让我去买一个糖饼给妹妹吃。我一路上手握糖饼，别提有多馋了。我的口水一直在嘴里打转，但是我不能吃，因为我是老大。”

我也说说我的经历。我的大伯已经辞世好久了，但我的姑姑们每次想起他，都会不停地流泪。她们总是说："你大爷太苦了，很小的时候起就出去干活儿，舍不得吃，舍不得穿。"我也从她们口中得知，在那个全家人挨饿的年代，我父亲作为家里最小的儿子，从小就很受宠，而大伯就不一样了。例如，家里的饼干只有我父亲能吃，大伯饿急了偷吃两块，就要被奶奶打。爷爷奶奶的口头禅是："他小，你们让着他点儿。"结果，大伯一辈子吃了太多苦，而我的父亲一辈子心理上没断过乳，根本没长大。

如果你的祖辈一直在奉行"老大文化"，那么你不难发现：你的大伯、大姑、大舅、大姨无一例外都有这样一些特点——责任感强、勤劳、节俭等。

我的母亲是家中长女，她刚出生的那两年是父母唯一的宝贝，也是极受宠爱的。但是，母亲 5 岁的时候，有了两个妹妹。姥爷、姥姥去上班时，就把她们三姐妹锁在家里。5 岁的母亲整天在家里照顾两个妹妹，当着家里的"小妈妈"。母亲再大一点儿时，每天放学回家后都要洗衣、做饭、喂猪、喂鸡……然而，母亲并没有因此得到姥爷、姥姥的格外关爱，反而是更加严厉的对待。姥爷、姥姥下班回家后，一旦发现我的姨妈们没有好好写作业而是在玩儿，就要惩罚母亲，因为他们认为我的母亲作为老大没有带好头。

5 岁的女孩，难道就不是孩子吗？因为有了妹妹，她就不值得被爱吗？其实，在那一代人中，几乎所有的老大都有类似的经历。实际上，作为孩子的他们，心底依然渴望父母的爱。

在多子女家庭，由于精力有限，父母往往更照顾“小的”，容易忽视“大的”，这就是可怕的“老大文化”。

老大文化的悲剧在于以下两点。

不尊重孩子的自然需求

大家可能都见过类似的场景：两位妈妈带着孩子在游乐场玩耍。大一点儿的孩子拿着一个玩具玩得正高兴，相对较小一点儿的孩子看见了，着急得不行，也想玩儿。这时候，大一点儿的孩子的妈妈的第一反应是：“来，你大，你把玩具让给弟弟（妹妹）玩儿。”

类似的场景几乎每天都充斥着我们的生活。这也是“老大文化”在作祟。“大的”礼让“小的”是中华民族的传统美德。但是基于老大文化的影响，我们忽视了孩子的成长状况，因为很多时候我们在面对两三岁甚至一两岁的孩子时也是如此。很多家长甚至认为，孩子必须尽早懂得这些。殊不知，这种“礼让”的主动权应该是孩子的。也就是说，礼让应该是孩子“自愿”的，而不是“训练”出来的。训练出来的，保质期是非常短的。而自愿的礼让最起码也要到孩子 3 岁以后，心智相对成熟时，语言表达基本流畅时，才能出现。

2 岁左右，孩子的“自我”初步形成。这之前，孩子一直在不断建立“自我”的概念。这个过程就跟自然界的动物扩张自己的地盘一样，此期间孩子完全是以“自我”为中心的，见到任何事物都想独占。“自我”满足好的孩子，才可能学会分享，当别人遇到困难的时候才更愿意帮助别人。否则，过早地被训练学习“礼让”，孩子的“自我”很难得到满足，也就不可能学会分享。

在孩子之间制造矛盾

经常有家长向我咨询：“我们家老大总欺负老二，我怎么办呀？”再聊下去，我就会发现，这样的情况之所以会出现，大多是因为家长的一句话“他小，你让着他”。总是被忽视的孩子，长期得不到父母的关注，会失望甚至愤怒。在多子女家庭，自小得到父母更多宠爱的孩子，很容易成为其他孩子嫉妒和攻击的对象。

因此，家有不止一个孩子的家长，要让自己的爱流动起来，让每个孩子都感受到，更要学会洞察每个孩子行为背后的心理需求。

说了这么多，我想说的仍然是，不要什么时候都让大的让着小的，更不要在小的犯错时让大的来担责。如果偶尔确实需要呵护一下小的，不妨换一种沟通方式。例如，可以把“他小，你让着他”换成“宝贝，你现在是大孩子了，已经懂事了。弟弟还小，你愿意帮助爸爸妈妈照顾他、保护他吗？”在前者，孩子的自我价值是低的，因为他可明显感觉到自己的需求被忽视了；而在后者，孩子的自我价值是高的，因为他得到了尊重。

若大的能帮助家长照顾弟弟（妹妹），父母要及时给出正向反馈，比如，“谢谢你！宝贝，你都能替爸爸妈妈照顾弟弟（妹妹）了”。这样能提升孩子的自我价值和幸福感，同时也可提醒弟弟（妹妹）——要懂得感恩哥哥（姐姐）的付出。

孩子对待他人的方式就是父母对待他的方式。无论男女，无论大小，所有孩子都渴望被爱。每个孩子都是独立的个体，当内在圆满时，孩子的担当意识、保护欲、分享精神才能得到呵护，才会健康发展。

关于“穷养”和“富养”

我做讲座的时候，经常有学员问我这样的问题：“我带孩子去超市或者商场的时候，孩子看到什么都想买。我到底该不该一一满足他的需求呢？作为家长，我真的很矛盾。买给他吧，怕他养成不好的习惯；不买给他吧，看不得他难过的样子。”每次遇到这样的提问，我都会想起社会上流行的“男孩要穷养，女孩要富养”的教养观。

在我看来，穷养或富养不能简单区分。我认为，无论男孩女孩，在精神层面都应该富养；而在物质层面，量力而行就好，而且不可过于奢侈。由俭入奢易，由奢入俭难。无论是养男孩还是养女孩，家长都应该记住这句话，之后谨慎做决定。

纵观那些在许多领域有所成就的成功者，深究他们童年时期所经历的物质生活，不难发现：他们中既有在穷养中长大的，也有在富养中长大的，但真正支持他们过上自己所期待的幸福生活的，一定是他们童年时期从父母那里汲取的丰富的精神层面的“养料”。

每每想到这个问题，我都会想起自己的童年。我是在物质条件极其匮乏的家庭长大的。也就是说，我的童年和富养一丁点儿关系都没有，但我成长得很好，心智健全，性格平和，懂得爱人。深究其中的原因，家人对我的爱是我幸福的源泉，亲友对我的鼓励与期盼是我奋斗的动力。

怎样的成长才算得上科学的成长，才算得上健康的成长？首先要给孩子一颗健康的“心”！

无论男孩女孩，都应该富养，但这个富养是精神层面的富养。给孩子高质量的陪伴；懂得孩子真正的需求，并能适时满足；孩子有问题的时候，能及时发现并给予科学的引导……这样的教育才是在给孩子的心理补充营养，而且这样的营养多多益善。

无论男孩女孩，也都应该穷养，但这个穷养是物质层面的量力而行、恰到好处。一个孩子所有的物质需求都能得到满足，并不表明这个孩子所有的心理需求都能得到满足。很多时候，真实的情况恰恰是，孩子的物质需求越容易得到满足，孩子的心理需求就越不容易得到满足。这样的情况，不难理解。我们身边不乏这样的例子。很多父母不能及时识别孩子的内心需求，自以为是地通过物质来补偿孩子，从而导致孩子的内心越来越匮乏，甚至发生严重的心理问题。

一次，一个朋友向我倾诉他的育儿困惑。他有一儿一女，受“穷养儿，富养女”观念的影响，加上儿子自小身体健康而女儿自幼体弱多病，于是一直很偏袒女儿。他也常提醒儿子要让着妹妹，要保护妹妹。妹妹小时还好，哥哥很是维护妹妹。但是随着两个孩子年龄的不断增长，他发现，哥哥慢慢地不像以前那样呵护妹妹了，反而动不动会欺负妹妹。这种情况让他非常苦恼。他不明白的是，他虽然偏袒妹妹，但仅限于言语和某些行为上，在物质层面他对两个孩子还算得上公平，可是哥哥为什么会这样呢？

后来，他又发现了一个问题，儿子越来越内向，女儿则越来越霸道。这时候，他才发现自己的教育方式也许真的有问题。长期以来，他几乎把全部的关注给了女儿，而对于儿子他好像忽略了很多。他想，两个孩子的性格之所以会这样，也许是这个原因。

从那以后，他改变了自己的教育策略。他开始更加公平地关注两个孩子，他试着把之前落下的对儿子的关注全都补上。例如：每天下班回家后，他都会主动地拥抱两个孩子，亲吻两个孩子；孩子犯错之后，公平对待，谁犯错批评谁；等等。果然，没多久，哥哥的性格就有了很大的改变，整个人慢慢地活泼起来，和爸爸妈妈也不像以前那么生分了，更神奇的是，也不再像以前那样欺负妹妹了。

“穷养儿，富养女”的错误观念不改变，很可能导致孩子的性格朝极端的方向发展。所幸我这个朋友很快意识到了自己的错误，并适时改变了自己的教育方式。

这样的事情并不少见。在多子女家庭，做父母的如果有偏袒之心，被忽视的孩子由于内心对父爱、母爱的渴望久久得不到满足难免心生愤怒，这愤怒自然而然地会投射到别的受宠爱的孩子身上。可见，男孩女孩要公平对待，单纯的“穷养儿，富养女”的观念是很片面的。

当然，换个角度讲，“穷养儿”的观念也不是完全没有可取之处，这种观念本身着意于培养男孩的责任感，希望男孩有担当，经得起挫折，长大后能承担起照顾家人的责任。只是，很多家长在落实的过程中走了极端。穷养是要磨炼男孩坚强的性格，并不意味着爱的匮乏。

回到问题本身，无论是养男孩还是养女孩，其实并没有绝对正确的教育方法。关于穷养、富养的问题，我还是要重申那句话，无论男孩女孩，在精神层面都应该富养；而在物质层面，量力而行就好，而且不可过于奢侈。

孩子过于“胆小”或“胆大”，可能与父母有关

有一次，一位来访者向我倾诉她的苦恼——孩子太胆小。她说：“孩子一见到陌生人，就会躲到我身后；在幼儿园，他不敢和别的小朋友玩儿，老说别的小朋友欺负他；在公共场合，别的小朋友抢了他的玩具，他根本不敢去抢回来，只会向家长求助……”

我和她聊了一会儿，她是一个非常谨慎的人，几乎有点儿神经质。她和我说，自孩子出生以后，她就整天提心吊胆，生怕养不好孩子，担心孩子磕着碰着。在孩子会爬会走以后，她的担心更是与日俱增。孩子偶尔摔倒一次，哪怕只是磕破一点儿皮，她就内疚得不得了。有时候，孩子的玩具少了一个零件，她也特别担心，甚至紧张得不行，怕孩子吃

到肚子里。她就是把房间翻个底朝天也得找到这个零件，否则她强烈的焦虑感就永远不会消失。慢慢地，她把自己的焦虑变成了对孩子的指责，甚至控制。平日里她对孩子说得最多的话就是——“别别别！”“你怎么这么不听话，烫到了怎么办？”“这扎伤你怎么办？”“那样多危险！”等等。

我问她到底是什么让她如此焦虑，聊着聊着她把自己小时候的一次经历讲了出来。她说她小时候吞过一枚硬币。她虽然已经忘记自己是怎么把硬币吞下去的，但她始终没有忘记父母得知她吞下硬币时紧张和害怕的表情。她的父母甚至因此吵架，互相指责对方没有把孩子照顾好。从那以后，她的家人对她的照顾可谓一丝不苟、无微不至，正如她现在对待自己的孩子一样。

相信很多朋友已经看出问题出在哪里了，她把自己的心理焦虑投射到了孩子身上。她面对孩子时表现出来的情绪，实际是自己内在情绪的外露。她对孩子的限制实际上就是自己的父母对自己的限制的延续。换句话说，孩子的胆小甚至懦弱是她不断负强化的结果。

可见，很多时候，我们对待孩子的方式真的是我们“内心使然”，我们的许多行为源于我们内心“想”这么做而不是孩子“需要”我们这么做。我们小时候经历的很多事情表面上看已经过去十多年甚至更久，但是在心理层面可能从未离开过我们，甚至直接决定着我们对待孩子的方式。

上面那位母亲，从孩子很小的时候起就给孩子营造了一个不安全的外部世界，比如这样做是不安全的、摔倒会受伤、那样做是危险的等。孩子天生是感知情绪的高手，母亲总是处于高度焦虑、紧张的状态，孩子必然能感受到。孩子最终要承担来自母亲的焦虑，从而变得畏首畏尾，甚至成为母亲口中“胆小”“懦弱”的孩子！

有胆小的孩子，就有胆大的孩子。我们都见过这样的孩子，他们什么都不怕，什么都敢碰，有些危险的事情已经经历过了，再次碰到还是会尝试。这样的孩子也甚是让人担心，因为在大人看来，他们完全不懂得保护自己，缺乏自我保护能力。

不管是胆大的孩子，还是胆小的孩子，都跟父母过度的担心和焦虑有关系。我举个例子。当我们被人带到一个陌生的地方时，大部分人是很难记住来时的路线的，因为潜意识里知道有人带领。如果我们自己走了一段陌生的路，大部分人会对这段路有印象。孩子自我保护意识的建立也是同样的道理。家长总是过度关注孩子，替孩子操心这个、担心那个，久而久之孩子会觉得，不管遇到什么事有家长担着呢，不用怕！如此，孩子的自我保护意识好才怪呢！

另外，我们也习惯不断地强化孩子性格中的某些特点。比如，很多家长都喜欢用一句话形容孩子，如“我家孩子特别胆小，连毛绒玩具都不敢摸。”“我家孩子胆子可大了，连剪刀都敢碰。”等。其实，孩子的某些行为很多时候只是偶然出现的。任何一个偶尔“胆小”的孩子，都有自己擅长的、勇于面对的事情。任何一个“胆大”的孩子，也都有自己害怕的事情。如果我们盲目给孩子戴上这样或者那样的“帽子”，孩子身上偶然表现出来的某些行为很可能就会因此固化为孩子的行为习惯，甚至成为孩子的性格特点。那么，孩子可能真的就会成为一个“胆小”或者“胆大”的孩子，这对孩子的成长非常不利！

孩子天生都有保护自己的能力，原则性的问题家长可以控制，但是更多的时候要相信孩子，给足孩子成长的空间。这样孩子在陌生的环境中才能保护好自己，在熟悉的环境中才能尽情地探索。

你是不是一直在培养过于“听话”的孩子

身边常有家长发出这样的感慨：“我家孩子越来越不听话了。按理说，他长大了，应该越来越懂道理，谁知反倒不如小时候乖，经常和我对着干。”很多家长都有这样的困惑。

实际上，家长之所以焦虑于此，是因为他们都自私地认为“孩子应该听家长的话”。这几乎存在于任何家庭，几乎存在于所有父母的观念里。

“听话”的孩子是“乖”！但是“乖”就一定好吗？大量血淋淋的事实证明，小时候越过于“听话”的孩子，长大后问题越多。从心理发展的角度来看，过于“听话”的孩子依附性强，自主性差。孩子过于“听话”，是在主观上刻意忽视自己的感受而无底线地讨好别人。长此以往，不出问题，才怪！

从生命的本质来讲，每个人都是独立的，都渴望掌控自己的人生。即使最弱小的生命，也有强烈的掌控自己生命的欲望，一旦被长期压制，终有一天会大爆发。

一般来讲，孩子 2 岁以后就开始了为自己的人生争取主权而与想一味掌控自己的父母做斗争的征程。孩子 2 岁左右被我们称为“人生第一个叛逆期”。很多父母明显感觉到，孩子 3 岁后就很难控制了。如果父母从这时候开始能尊重孩子的主动性，适当地为孩子提供自由的生长环境，尊重孩子的天性，尊重孩子的选择，孩子一定能在自由的生长环境中汲取更多充满正能量的心理营养，从而成长为一个健康的人，一个有主见的人。

很多孩子在家长的恩威并施下，变成了一个过于“听话”的孩子，变成了家长眼中的“乖孩子”。

有一次，一个家长问我：“我儿子现在还不满 13 岁，以前是个很听话的孩子。上初中后，他突然就变了。他又是早恋，又是沉迷游戏，又是长期通宵聊天……我该怎么办？孩子怎么突然变成这样子了？”

孩子之前很“听话”，为什么突然之间就不听父母的话了？这种情况在“乖孩子”身上表现得尤为明显。我在上面说过，孩子2岁的时候就有主见了，就不可能大事小情都完全按照父母的意愿行事了。从小越是“听话”的孩子，对自我的压抑越多，等到爆发的那一天，他们的爆发就来得越激烈。对家长来讲，这样的事情，真是猝不及防！当第二个人生叛逆期——青春期——到来的时候，“本来很乖的孩子”会突然间变得特别叛逆，甚至根本没法控制自己的情绪，以致把长期以来压抑的不满统统发泄出来。

青春期一定会到来，但青春期的叛逆并不是必然会发生。虽然我们每天都能从各种媒体上看到青春期的叛逆引发的不幸事件，但充满正能量的青春期也不是不可觅踪。我们身边不乏这样的家庭，孩子和父母无话不谈，亲子沟通无比顺畅。在这种家庭长大的孩子即使在人们谈之色变的青春期也不会有强烈的叛逆心理引发的出格行为。这样的家庭，一般气氛融洽，父母能够充分尊重孩子，孩子也能够为自己的人生做主。

那些在青春期异常叛逆的孩子，多半是曾经过于“听话”的孩子。他们从小到大大事小情都需要父母做主，由于自主权长期得不到尊重，才会在青春期自我意识进一步觉醒的时候向父母“宣战”。

总之，如果父母总是强制性地把自己的意愿强加到孩子身上，那基于叛逆的一战终究是逃不掉的。这样的“宣战”不只发生在青春期！

曾有一个学员这样向我倾诉她的烦恼。

我从小到大一直是母亲眼里的乖乖女。我小时候，母亲对我的管教特别严，我几乎每天都生活在母亲的阴影之下。我真的很爱我的母亲，但是她对我寸步不离的“关心”有时候真的让我十分痛苦。

后来，我离家上学。离开母亲的那一刻，我感觉自己第一次呼吸到了自由的空气。我终于离开了母亲，我虽有这样的想法，但心里还是有一种负罪感，感觉很对不住母亲对我的爱。

再后来，我结婚生子后，接母亲过来帮我照顾孩子。再次与母亲生活在一起，我突然发现自己的生活又陷入了她的监视与掌控中。然而，我已经不是当年那个黄毛丫头，很多事情已经不想忍耐。虽然我已经当了母亲，深深理解为人母的不易，但是很多时候我就是会不由自主地焦躁和烦恼。更让我吃惊的是，母亲对待我女儿的方式完全照搬当年她养育我的方式。我和母亲的矛盾终于爆发。

我总觉得她这也不对、那也不对。而且，我觉得自己没什么错。但是，我无力改变母亲。我很苦恼！

案例中的女儿“乖乖女”的形象一直维持得很好，一直维持到自己结婚生子。但该来的终究逃不掉！她与母亲的矛盾还是爆发了。有的家长庆幸自己的孩子青春期过得特别顺利。如果这种情况是家长足够尊重孩子的结果，是源于家庭氛围足够和谐，那么实在值得庆贺。如果是过度的压力导致孩子在青春期没敢站起来“反抗”，则会出现与上文案例类似的情况，孩子有了子女，才开始向家长“宣战”。并且，这样的“叛逆”，越是滞后，越难处理。

不适当的教养方式如果只是引发单纯的青春期叛逆或者亲子沟通问题，那还是可以接受的。更为严重的情况是，有些孩子会因此出现心理或生理疾病。父母带着孩子四处就医，殊不知问题出在自己身上。父母不懂得改变，孩子的“病”又怎么能好？这时候，孩子的病实际上是一种自我保护，孩子想通过生病让自己少受父母控制，甚至反控制父母。

站在父母的角度看，孩子“听话”确实能省去不少事，但有时这绝不是值得炫耀的事情。在父母的条条框框内，孩子表面上很“听话”，但他内心的纠结也许一直存在。比如，听父母的，还是听从自己的内心？孩子在成长，情绪在积压，终有一天会压得孩子喘不过气来。当孩子有一天突然想要找回自我的时候，长时间积压在内心的各种情绪必然会爆发，甚至可能变本加厉地爆发。

“不健康的爱”可能来自父母自身的经历

我以前写过几篇关于“心理反哺”的文章，它们最初被我发表在我的自媒体上，后被广泛转载，引起很多家长的反思。由此，我也得到很多朋友和读者的反馈。

由于接触的个案越来越多，我发现生活里到处可见心理反哺现象。心理反哺现象源于父母不健康的爱。

内在小孩会说话

许多人心里都有一个“受伤的小孩”。

比如，一个“60后”，是家里的老大，在奉行“老大文化”的家庭长大。弟弟欺负了他，家长会对他说：“他小，你让着他点儿。”家里有好吃的，他要让给小的。即便弟弟妹妹无理取闹，他也要让着弟弟妹妹。然而，即便排行老大，他也是个孩子，也需要爱。长此以往，他内心肯定会有一个特别强烈的声音——“凭什么……”。比如，“凭什么我就得让着小的？”“凭什么我做得最多？”“凭什么我做什么都不对？”等等。

许多老大自己都不曾察觉，这些话自己从没对父母说过，但这些委屈始终藏在他们心底。比如：长大后跟朋友在一起时，稍微感觉到被忽视，就会问：“凭什么你们总忽视我？”工作中，如果领导稍有不公，就会问：“凭什么我的付出你看不到，凭什么你总偏袒别的同事？”等等。

内在受伤的小孩，始终渴望被关注。

本来能对孩子好，但就是不情愿

“可怜天下父母心”，大家都听过这句话。的确，天下哪有不爱自己孩子的父母？但是为什么孩子发表与家长的意愿不一致的意见时，有些家长会那么愤怒？因为每每这时正是这样的家长被“内在受伤的小孩”主导的时候。

有一次，一个家长对我说："我小时候根本不敢跟父母顶嘴，否则回应我的肯定是拳打脚踢。我的孩子倒好，总是跟我对着干，还要我尊重！这到底是怎么了？我对他比我小时候父母对我好多了。"这句话的潜台词是："我没像你爷爷奶奶对我一样动手打你，你就知足吧！"

家长处于父母状态的时候，都能好好地爱孩子。一旦家长的心理能量不足，就会被"内在受伤的小孩"主导，从而变成一个未被满足的"孩子"。如此，许多父母的付出里，就会存在各种不情愿，或者对孩子有所求。

不知道如何爱，因为不曾被爱

很多虐童案件的罪犯本身就有童年时期被虐待的经历，这也是无形之中的代际传递。这样的父母也想给孩子爱，但不知道如何爱孩子，因为他们本身就是在虐待中长大的。一个人儿时受到过怎样的对待，就会以怎样的方式对待自己的孩子。

还有些本身就是孤儿或是在单亲家庭长大的家长，从小吃过很多苦，也曾发誓将来一定会对孩子好，不让孩子受苦。但事实是，或许在物质层面他们会不遗余力地满足孩子，但是在心理层面他们给孩子的远远不够。

打个比方，一个人6岁的时候成了孤儿，但6岁以前的他是在父母的爱中长大的。他长大后，即便很多记忆已经不清晰，但是父母对他的爱已经融入他的潜意识。他的孩子在6岁以前，他能很好地去爱。而他的孩子再大一点儿时，他的爱就不尽如人意了。因为6岁以后的他，已经非常独立，处处需要察言观色，完全没有撒娇的机会……

一个人做了父母后，一般来讲对待孩子的方式会复刻父母对待自己的方式。孤儿做了父母后对待孩子的方式，会复刻自己对待自己的方式。没有了父母之后，他们自己给自己做父母。因此，他们怎么苛待自己，就会怎么苛待孩子。

听上去不可信？我们来看一下行为主义创始人华生的故事。他曾说过：“给我一打健康的婴儿，一个由我支配的特殊环境。任意选择一个，无论他的父母如何，我都能按照我的意愿把他培养成某个领域的专家。”曾经一度在美国疯传的哭声免疫法（孩子哭了不抱），以及很多所谓让家长省心的育儿方法，都源于行为主义，近年来也误导了许多中国家长。

华生为何如此夸大环境和教育的作用，而忽视人生而为人的内在动力以及天性中的差异和创造力呢？另外，华生对于自己的孩子的教育又如何呢？

华生的大儿子雷纳曾多次选择自杀，最终在30岁时自杀身亡；华生的女儿暴躁易怒，长年酗酒，曾经多次试图自杀；华生的孙女也曾多次试图自杀；华生的孙子一直流浪在外；华生的外孙女也是酒精成瘾者，并多次选择自杀。

这一切悲剧的种子皆源于华生的童年。华生的父亲脾气十分暴躁，后又抛妻弃子。华生学生时代受尽同学欺辱。

正是因为童年时期对爱无比渴望，而又深感爱的匮乏，华生一生都在倾尽全力保护自己以不再因爱受伤。他一直致力于营造一个没有情感的世界，他那程序化的行为主义理念因此应运而生。

父母不接受治疗，孩子的“病”好不了

现如今，越来越多的孩子出现了心理问题，甚至被送到医院接受治疗。然而，越来越多的医生和心理咨询师发现：“真实的情况是这些孩子的父母病了。孩子只不过是在替父母生病，想用生病的方式摆脱父母的控制。”

如果内在受伤的小孩没得到疗愈，父母就会事无巨细地管教孩子。因此，他们的行为名义上是源于爱，实际上是一种控制。

在父母的软控制下，有些孩子出现了行为问题和心理问题。懂得反思的父母，会配合心理咨询师疗愈自己，由此孩子的“病”可以不治而愈。但是，有些父母只是把孩子推向咨询师，希望咨询师把孩子治好。这样，孩子很难好，甚至常常拒绝治疗。

一个被父母送来接受心理咨询的孩子曾这样对我说：“我知道，在你这里，你尊重我，我可以自己做主，但是当我回到家，我妈还是会处处控制我。”那之后，他再也未到过我的工作室。

一旦发现生了病可以在某种程度上摆脱父母的控制，或者可以以生病的名义反控制自己的父母，孩子就会习惯性地“生病”。

培养健康孩子，从自己的成长开始

我也是个母亲，我也有为人父母的各种幸福和忧虑。所有父母都是爱孩子的，但是好的初衷不见得能收获好的结果，因为爱孩子是需要学习的。当下的父母，关于爱孩子，关于教育孩子，更要好好学习！

培养健康的孩子，从自己的成长开始。

阅读互动

一、阅读本章，你有哪些触动和收获？

二、结合本章《许多父母一直在犯的七种错误》一文，回忆一下自己的成长过程，你觉得你的父母犯过哪些错误？在为人父母后，在养育孩子的过程中，你觉得你犯过哪些错误？

三、你如何理解作者在本章所写的“老大文化”？如果你有两个孩子甚至三个孩子，你会如何处理你和孩子的关系？你又会如何处理孩子们的关系？

____

____

____

四、你如何看待社会上广泛流传的穷养、富养观念？你有相关经历吗？

____

____

____

____

____

____

____

____

第四章

教育从来不是
孩子的功课，而是
父母的修行

孩子需要滋养，父母需要成长

我在前文反复提到家长要成长，那么如何成长呢？是照着育儿书学习，还是求助于专业的心理咨询师或者家庭教育指导师？另外，怎样才算成长呢？

实际上，真正的成长，始于内心！

孩子的很多问题其实都不是问题。这世上没有完美的孩子，很多孩子的问题源于家长不愿接纳孩子的不完美。孩子有了行为问题或心理问题，其背后的心理动机很可能是对来自父母的爱与关心的呼唤，其根源则很可能是家庭环境出了问题。另外，很多被家长定义为“问题孩子”的问题，其中很多是孩子成长过程中必须经历的，也可以说是一种生命现象。

一次，一位妈妈向我咨询：“我的孩子最近总是哭。我原本以为这与她刚上幼儿园有关。谁知，周末我跟她爸爸带她出去玩儿的时候，她也总是哭哭啼啼。这就搞得我不知道怎么办了。我很焦虑，忍不住的时候，会打她一两下。我事后想想又有些内疚，因为平时孩子都是爷爷奶奶带的，我和她爸爸只有周末的时候才有时间陪她。”

这是个特别常见的问题。很多家长都很关注孩子哭的问题，也都想解决这一问题。然而，孩子为什么哭？为什么不能够接纳孩子的哭？如何才能接纳孩子的哭？怎样才能从根本上解决这一问题？如何才能正视孩子哭的问题？这都关乎家长的成长。

孩子为什么老哭？这里面肯定是有原因的！甚至可以说，孩子每一次哭的背后都有深层次的心理原因。在上面的案例里，家长意识到孩子最近常哭可能跟刚上幼儿园有关，但问题的关键是家长有没有关心过孩子在幼儿园的日常生活。孩子在幼儿园经历了什么，家长知道吗？显然，案例中的父母对孩子的关心远远不足。由于只有周末才能见到孩子，平时幼儿园里发生了什么，孩子经历了什么样的事情，家长自然不得而知。

孩子只有在能够完全接纳自己的父母面前才能够做真实的自己，才会肆无忌惮地撒娇、耍小性子。拿我的女儿来说，我们每次出门，只要我跟她爸爸在，女儿就会要求我跟她爸爸推她坐的小车，而不让姥姥或者奶奶推。姥姥和奶奶也常常表示，只要我在家，孩子就不好带，事多，磨磨叽叽，更容易哭闹。不得不说，几乎所有跟妈妈依恋关系好的孩子都有类似的情况，用我婆婆常讲的土话来说就是："孩子遇见娘，有事没事哭一场。"

回到上面的案例。案例中的父母应该反思，孩子之所以哭闹，实际上是希望父母给她更多的爱与陪伴。

试想一下，工作日一连5天，孩子都见不到自己的父母，连最基本的陪伴都没有，孩子何从感受爱？紧接着，在周末的两天时间里，孩子试图贪婪地找回那些本该属于自己的但由于种种原因缺失的爱与陪伴，有什么不对吗？更加令人失望的是，父母这时正在为孩子的哭闹而焦虑不已，从而导致孩子在少得可怜的陪伴时间里得不到高质量的陪伴。

正因如此，家长这时不应该责怪孩子："这孩子怎么老哭？"而是应该反思："我陪孩子的时间是不是太少了？孩子在幼儿园是不是经历了什么特殊的事情？我是不是该把孩子接到身边，每天陪着她？”家长这样的反思，就是成长。

当然，如果家长能进一步反思孩子的哭为什么会引发自己的焦虑从而不能正视孩子的情绪，那就更好了！因为这算得上更高层次的成长。比如，为什么孩子的哭会让我这么心烦？我心烦是因为我的期待是“孩子能听我的话，不要哭”，还是因为孩子的哭触发了我内心深处的某种感受？

曾经有家长向我做过这样的分享：

> 我为什么看不得孩子哭？为什么孩子一哭我就觉得很委屈、很心疼？我想这可能与我小时候的经历有关。我记得，我小时候受委屈、伤心、害怕的时候，好像从没人在乎过，从没人安抚过我。所以，看不得孩子哭可能是因为我“内在受伤的小孩”在作祟。我若能这样想，就能正视孩子哭的问题了。

这个家长的分享很好。

孩子出现问题时，家长能进行自我反思，而不是单纯地把一切问题归咎于孩子，这是真正的成长。这是一种正向的成长，更是家长与自己父母的联结的延续。

母女与母女

我算是比较幸运的，在亲友眼里应该算是比较合格的母亲，注重自我成长，和老公的夫妻关系和谐，有一个和睦的家庭。面对女儿，我有耐心，懂接纳，善理解，能共情……

即使这样，我也不定时地想对女儿发脾气！例如，当我非常着急地在做一件事情的时候，女儿却在慢吞吞地向我撒娇、耍小性子，我不由得就会怒火中烧。我也思考过我为什么有时候会对女儿如此没有耐心，我内在的那个小孩每次都会反问我："你的母亲好像很少这么耐心地陪伴你，凭什么你的女儿总能得到你富有耐心的关爱和陪伴？"

如果不懂得反思，我肯定会把一切归咎于女儿不听话，实际上这根源于我与母亲的联结的延续。

父子与父子同理。

父女与母子

很多男孩子身上的问题，根源在母亲。因为父亲对待自己的方式，有些女性会对自己的父亲存有偏见，这种偏见在她们结婚之后会发展成为对丈夫的不满。问题还会延续，当这样的女性成为母亲以后，她们内心对异性的种种不满还会投射到儿子身上，导致儿子出现很多问题。

这种问题的根源是，这样的女性没有在内心与自己的父亲实现和解，从而影响自己的婚姻，继而影响自己的孩子。很多问题都是这样代际传递的。这样的女性，这个坎儿过不去的话，在生活中很容易屡屡碰壁，不仅跟父亲、老公、孩子处不好，甚至有可能跟所有异性都不能和谐相处。或许，来自陌生人的一个举动，都会让她们心生怒气。

父子与母女

一次，我的一位咨询者问我："今天早晨，女儿又向她爸要钱买零食，她爸又是无条件地满足了她。看着他们父女的互动，我心里的火不由得蹿了起来。一方面，我是生女儿的气。我已和她交流过很多次——吃过多的零食对身体不好，但她为什么就是不接纳我的建议呢？另一方面，我也生她爸的气。女儿从小到大每次张口要钱，他好像从来没有拒绝过，结果把女儿培养成这样——爱零食胜过三餐！我很苦恼，不知道自己该怎么办。"

经过我的提醒，她才意识到，她看到老公跟女儿的良性互动时心里的气愤其实源于她与父亲的关系。她内心深处非常渴望父亲能像老公对待女儿那样对待自己，但事实是她的父亲一直以来对她十分严厉，甚至有点儿苛刻、有点儿挑剔。

从某种意义上讲，家长即便再爱自己的子女，一旦看到自己儿时未曾得到的爱子女得到了，在潜意识层面或多或少都有失落和怨气。

从这个层面来讲，我们与孩子的问题，有时候真的不是孩子的问题，而是我们自己的问题，这正是我一再强调“家长需要成长”的原因。而且，这种成长，是一辈子的事！

成长是向内修，而非向外求

越来越多的家长意识到，养育孩子的过程实际上是一个自我成长的过程。很多人说："活着就是一场修行。"那么，什么是家长的修行？家长应该怎样修行呢？

作为心理咨询师，我时常要面对来访者。几乎每一位来访者都正在经历不如意的事，甚至痛苦。

许多来访者都会对我说："我发现，我这些年只是忙着工作，从来没有关注过自己的心理建设。"在我们身边，这样的人数不胜数。

说句题外话，人人都有自卑的时候。有些女孩子因为自卑会想方设法通过各种方式装扮自己。我曾经有一个同事，她每天都会画很重的眼影，把自己化得跟熊猫似的。我们相处久了，彼此熟识了，我就给她提建议——能不能别画那么重的眼影。她回答说："我一直认为，如果不画眼影，我的眼睛就特别无神。"

然而，人只要活着，总有卸妆的那一刻。靠浓妆艳抹提升自信的人，卸下艳丽妆容的时候，必然更加失落。不能接纳自己，是内心使然，再浓的妆容也阻止不了。只有从心灵深处去反思，只有学会接纳自己，只有真正接纳自己，才能真正提升自信，而这个过程就是修行。

也就是说，幸福、接纳、做自己等不能只做表面文章，而是要向内修心、修德！

我们身边的"祥林嫂"从来没有消失过，反而越来越多。"我老公太没情调！""我婆婆太偏心！""我的老板太抠门！""我的客户太挑剔。"……如此种种都是向外的抱怨，没有向内的自省。

在婚姻里，有没有主动为老公做过什么浪漫的事？

面对婆婆，有没有真心体谅过老人的不易？

工作中，有没有体谅过老板的压力，有没有想过主动承担一份责任？

对待客户，有没有站在客户的角度思考过问题？

……

这是自省。

我还是那个观点：一切问题都源于我们的内心。遇到问题时，很多人习惯归咎于别人，总认为别人对不起自己。这样的人即便腰缠万贯，终究难得幸福。

遇事向外求，缺乏心理建设，“心房”终究会破败不堪

真正幸福的人，不见得大富大贵，不见得一帆风顺，但他们大多有一颗懂得反思的心：“发生这样的事，我也得承担责任。”每一次反思都是给自己的心房添砖加瓦。我们内心足够强大，就没有过不去的火焰山。当然，内心的反思，自我的反省，不能局限于思想上，还要体现在行为上，比如要勇于担当。

我们的愤怒大多源于我们内心未被满足的期待

我们中的大多数总是习惯性地认为别人的行为是我们愤

怒的原因。事实上，负面情绪源于我们未被满足的期待。我们来看一个小案例。

> 两个十分要好的女孩A、B一起出去玩了一整天，双方的男朋友都没给她们打电话。
>
> A心想："这样真好，彼此都有自己的空间。我能畅快地跟闺密玩儿，挺好！"
>
> B却十分苦恼："我男朋友一整天都没有给我打电话，他一点儿都不关心我。"

对于同一件事，不同的两个人有不同的理解，导致了截然相反的两种情绪。为什么会这样？究其原因，开心的那个之所以开心，是因为男友的行为刚好符合自己的期待，失落的那个之所以失落，则是因为男友的行为不符合自己的预期。

由此可见，想要和周围的人处理好关系，必须先看清自己的期待，更要学会表达自己的期待，这比指责有用得多。

和自己的内在进行联结

每个人的能量生而充足，只是我们太习惯向外求，忽视了自己内心的渴望——渴望被爱、被关注。当一个人无暇爱自己，时常忽视自己的时候，来自他人的爱和关注，有多少都不够！

我们周围也有一部分人常给自己穿一层这样的保护套："我童年受过伤，你们别来伤我。"这还是在向外求，意在改变别人，而不是内修自己。童年的伤痛是我们内心矛盾的主因，我们只有懂得自我成长，只有学会内修，才能将内心的矛盾解除，才能避免继续受伤。

有一次，母亲又向我讲起我父亲的缺点。那一刻，我发现内心一下子出现了很多指责的声音："你又提起我爸爸的缺点，你攻击我爸爸让我很难受。""人家妈妈都在保护孩子的内心感受，你从未保护过，你才是最伤我的那个人。"等等。于是，我尽量逃避母亲的指责，因为我只想关注我内心的感受。之后，我内心似乎有一个小孩在告诉我："你爸爸是世界上最好的爸爸。"这时，我的眼泪夺眶而出，负面情绪瞬间土崩瓦解。我内心不但很轻松，还有些温暖的感觉。

是的，过往的我对父亲有很多的不接纳，我内心甚至一直在指责父亲。但是我不得不承认，我内心深处有一个对父亲无比认同的小孩，她一直想说些什么，但是苦于没有机会。妈妈的话勾起了这个小孩的不满，因而我爆发了。不管怎样，我快乐、我指责、我崩溃的原因在我自己。如果我不懂得反思，不懂得联结自己的内心，我便会陷入抱怨母亲的情绪中，并且将一直处于一种恶性循环的状态。

行有不得，反求诸己

我一直在谈论教育的话题。我们周围不乏这样的事实：

太多的家长喜欢埋怨自己孩子不争气，责怪自己孩子不听话，拿自家孩子的缺点跟人家孩子的优点比；

太多的舆论在谴责新生代的诸多缺点；

太多的孩子在埋怨自己的父母；

……

想要解决这些问题，可用的方法是：行有不得，反求诸己。也就是说，父母在面临教育问题的时候，要更多地从自身找原因。

也即，当孩子的表现不尽如人意时，父母首先要做的不是埋怨孩子，而是反思自己的养育方式是不是有问题、给孩子的心理滋养是否充足、自己是否能以身作则等。只有这样，家庭教育才有出路！

大到整个社会，也是如此。当一些人的行为有失道德准则，社会舆论不应只是谴责当事人的行为，而是应该进行更深层次的反省。比如，一个孩子不孝顺父母，我们不应该仅仅谴责这个孩子的不孝顺行为，而是应该反思我们的教育是不是出了问题。这样做，我们的教育才不会偏离正确的轨道，我们的社会才更容易进步。

当然，做子女的，一旦和父母的关系出了问题，不要埋怨父母，更不要责怪父母，而是要试着学会体谅。父母也是人，也是优缺点并存的个体，也有他们的无奈。我们应回归自身，从内心修炼自己，这样才能防止把类似的问题代际传递给我们的后代，才能真正解决问题。

再回到本文开头的那句话：活着，是一场修行。

修行，不是向外求，而是向内修。

修行，不是改别人，而是修自身。

向外求，幸福的前提是外界要符合我们的期待，一旦期待落空就会带来痛苦；而向内修，幸福永远都在我们手中。

敢于直面问题，才能解决问题

很多人总是反复陷入同一种痛苦。然而，他们从来没有想过如何解除这样的痛苦，只是一味地想要逃避。比如，我的一个朋友一年四季总在找工作。他在每一份工作中都会遇到相似的烦心事，他不知道如何面对，更不知道如何解决。他解决问题的模式是逃避——辞职，换一份工作。

这样的逃避实质上就是逃避成长。成长本身意味着必须揭开伤疤，意味着必须面对血淋淋的事实。这也就是我所说的，成长必须经历痛苦。

内心的成长意味着必须直面童年时期留在内心的创伤。这样的创伤都深埋在内心深处，好似很多年前刺进我们身体里的刺，慢慢地会成为我们的一部分。我们会在成长的过程中慢慢忘掉这样的刺，忘掉这样的伤害。如果我们不去碰它，它可能永远不会发作。当我们一不小心碰到它，它就会发作。

成长的痛苦在于，我们要有足够的勇气忍受短暂而剧烈的疼痛，剥开内心深处的伤口，取出扎在里面的“刺”。这个受伤的地方或许早已化脓，甚至溃烂。我们取刺的过程肯定会带来异常的疼痛，但这是我们内心获得成长的绝佳机会。这样的伤口痊愈了，我们就永远不会再感觉到类似的疼痛。正因如此，很多心理学家常说成长是一个痛并快乐的过程！

在一些课上，有些学员时不时和我感慨：“这么多年，我钱也没少花，课也没少上，怎么还是老样子？”事实上，他们不是不想改变，而是不愿改变，因为他们害怕面对自己的内心，他们怕疼，他们怕别人看到自己血淋淋的内心。不管他们上多少课，不管他们能得到多少老师的帮助，他们总是不愿意直接面对自己的内心，总是绕开最本质的问题。他们的成长是表面的，他们没有意识到内心的改变才是真正的成长。再好的课程，再好的老师，也改变不了一个不敢面对自己的人。成长不是外人能主导的，我们只能通过外界的力量唤醒自己内心的力量，这样我们也许才有勇气真正面对自己内心的伤痛。

曾经有一个学员这样对我说："真感谢您过去给我的建议！记得那时的我真是每天都处于水深火热之中，几乎每天都处于崩溃的边缘。那时的我，毫无办法，无论如何都逃脱不了那些痛苦。最重要的是，我不知道这样的痛苦来自哪里。很久以来，我也不想老训斥孩子，更不想与老公吵架，可就是无法控制自己。这样的事情一次次发生，我很绝望！真感谢您的帮助，您帮助我找到了痛苦的根源。现在，内心的伤口无论怎样痛，我都愿意将它暴露在阳光下。我十分感谢那时的我，能勇敢地去面对、去医治，我才能有今天健康的生活！否则，我还会带着伤痛在光鲜的外表下痛苦生活。那时的我，因为疼痛，因为不想面对自己的内心，生活圈子越来越小，心境越来越糟。但是，现在多好啊！我醒了，我爬起来了。感谢磨难，更感谢你们的爱！让我们共同拥有美好的明天！"这就是成长的力量，勇于面对内心最疼痛的地方，才可能发现转机。

每个人在不同的年龄阶段或者心理阶段或多或少都会面对不同程度的心理问题。

当然，并不是必须接受心理咨询才能改变。只要我们都能直面自己，不逃避，改变指日可待，成长指日可待。也可以这么说，正在经历痛苦的人都有自愈能力。当然，走出创伤的困难程度因事而异、因人而异。

我们来看看电影《唐山大地震》的主人公——张静初饰演的方登的故事。地震后，救援人员发现方登与弟弟同时被压在一块石板下，并且认定姐弟俩中只有一个能被救起。母亲在人们不断的催促下百般痛苦地选择了“救弟弟”。这一幕被头脑清醒的方登记在了心里。从那时起，她就永远记住了这样一个事实：“妈妈抛弃了我，妈妈爱弟弟胜过爱我。”但这些只是方登的心理现实，却不是客观事实。客观事实是，地震过后，灾区重建，可方登妈妈始终心如废墟，三十几年的时间里一直在痛苦中挣扎。

“妈妈放弃了我”的心理现实压在方登的心里，一压就是32年。32年后，汶川地震，方登目睹了一位母亲为了保住女儿的性命不得已做决定为女儿截肢的场面。这位母亲事后看着女儿残缺的身体失声痛哭的画面深深地震撼了方登，突然唤醒了方登心底最柔软的地方。她突然意识到，那位母亲爱女儿，胜过爱自己。她这才明白，在生与死面前，没有一位母亲会放弃自己的儿女，除非万不得已，而做了这种决定的母亲其实生不如死。

“母亲放弃了我”的心理现实在长达 32 年的时间长河中压得方登喘不过气来。也正是因为无法原谅母亲，尽管养父那么多年一直催促，方登始终没有回唐山寻亲。认亲之后，祭拜父亲的时候，方登发现自己的墓地中埋藏着地震前她背过的书包，以及母亲为她买的从小学到初中的所有课本。这时，她的心理现实才终于得以改变，从“妈妈放弃了我”变成了“妈妈爱我”。

和方登一样，我们每个人心里都有各种各样的有关痛苦的心理现实，这些心理现实影响着我们的每一个行为和每一种心理感受，甚至影响着我们与家人、朋友以及周围每一个人的关系。比如，从小没有父母长时间陪伴的孩子会在内心写下“父母不爱我”的心理现实，严重缺乏安全感，总是担心自己不值得被爱，甚至成人之后也是如此。

然而，这只是心理现实。客观事实是，很多父母不能长时间陪伴孩子是出于无奈，为了给孩子创造更好的条件，不得不背井离乡外出工作或者把孩子送到寄宿制学校。没有父母不爱自己的孩子。

可惜的是，很多心理现实遮挡住了我们感受爱的能力。

由于父母离异，我自小被奶奶带大。奶奶生病的时候，姑姑去看望奶奶，常常会抱怨我拖累了奶奶。这在我心里留下的现实是“姑姑不爱我，甚至怪我拖累了奶奶”。这么多年，这个心理现实一直笼罩着我，让我总是担心自己不值得被爱。当然，我更感受不到姑姑对我的爱。我甚至因此对姑姑充满抱怨。

我长大后，有一段时间，每次回老家，当姑姑邀请我去她家吃饭时，我都毫不考虑地拒绝。直到现在，直到我能直接面对自己的内心，直到我能从潜意识层面重新面对那段经历，我才发现姑姑当时的埋怨只是出于心疼奶奶，并不是不爱我。同时，我渐渐想起姑姑当年因为心疼我劝父母别离婚时脸上挂满的泪珠，想起姑姑送我离家时在我身后远远望着我的身影，想起我小时候趴在姑姑背上的情形……由此，我对姑姑的抱怨慢慢烟消云散。

那些偏离客观事实的心理现实就像乌云一样笼罩着我们，使我们看不到蓝天的纯净和阳光的明媚。伤害自此产生。如果不能正视这一切，我们将永远生活在阴影之中。

我又想到一个故事。一次家长会上，老师夸奖班里的一个女生。这个女生的妈妈出于客气和谦虚，随口说了一句："她就是笨鸟先飞。"女儿听到妈妈这样说，心里很不舒服，并把这句话死死地记在了心里。20 多年以后，当年被妈妈形容为"笨鸟"的女孩成为一所学校的校长，前途无可限量。然而，无论别人如何夸奖她，曾经被妈妈形容为"笨鸟"的她终究没有学会欣赏自己。天下所有父母都认为自己在用最好的方式爱孩子，但很多方式终究只是父母自己认为"最好"。

换一个角度看，如果不能正视当下的情况，不能直面这样的问题，而是始终为其所困，我们心里可能永远都有这样的阴影。

敢于直面问题，才能解决问题。让我们回到那些伤害我们的情景，设身处地感受一下当时自己的感受，体会一下当时给我们造成伤害的人的感受，思考一下对方之所以会伤害我们是出于无心还是因为爱我们的方式出了问题，我们内心的问题也许才有机会得到解决。

确定“你给孩子的”是“孩子想要的”

孩子为什么老是故意跟我作对？我让他干什么，他偏不干什么，这是为什么？

孩子一见到玩具就闹着要买，但我感觉有些玩具并不适合他，不想买给他，可又不知道怎么拒绝他……

孩子吃东西不规律，有时候吃得特别多，有时候吃得很少。他吃得少的时候，我特别担心他吃不饱，有时候会强迫他多吃一点，我这样做对吗？

……

生活中，纠结于这些鸡毛蒜皮的小事的家长不在少数。我想说的是，之所以很多父母会被这些小事困扰，是因为他们在养育孩子的过程中没有意识到养育的本质是满足“孩子的需求”，而不是为了满足“自己的需求”。很多家长把自己的需求嫁接到孩子身上，把自己的需求误以为是孩子的需求。

及时感知孩子的需求，第一时间给予正确的回应，这是养育必须解决的问题。对于还不能用语言来表达自己需求或者语言表达能力还不是很好的婴幼儿来讲，更是如此。实际上，一位有心的母亲，通过孩子的一个眼神、一个动作就能感知孩子的需求。针对孩子的付出，不仅要用脑，更要用心。

只是不能正确感知孩子的需求，负面影响还在其次。对于很多家长来讲，很多时候他们并不是不知道孩子需要什么，而是出于种种原因，故意忽略孩子的需求。在这里，我分享一件自己经历的小事。

一次，我在从菜市场回家的路上遇见一个奶奶用婴儿车推着小孙子在小区里散步。我看那孩子和我女儿差不多大，就不由自主地走过去和孩子的奶奶闲聊起来。

在我们闲聊的过程中，孩子的奶奶一边和我聊天，一边不停地制止孩子把手放进自己嘴里："我说多少次了，不让你吃手，你就是不听。"那孩子嘴里的哈喇子流出来许多，他虽然还不能说话，但眼睛里满是无辜。

我说："阿姨，他正在长牙呢。这期间牙龈会痒，所以他不自觉地总会吃手。您若实在不想让他吃手，就给他买个磨牙棒吧！"

"家里有啊。我感觉太脏了，那上面有细菌吧！"

聊到这里，我只好走开了。

这是一个典型的家长不懂得体察孩子需求的例子。案例中的奶奶不仅不懂得体察孩子的真正需求，而且以自己的意愿任意抹杀孩子的真正需求。

这样的家长大有人在！他们把自己的需要凌驾于孩子的需求之上，以自己的意愿抹杀孩子的意愿。与其说他们在养孩子，不如说他们在养自己。

这样的家长根本没有意识到"及时体察孩子的内心需求并予以满足"的重要性。他们完全没有意识到自己的许多行为实际上是在一点点吞噬孩子人生初期对这个社会的基本信任。

类似的情况不胜枚举，例如：

家长频繁把屎把尿，甚至对孩子进行严格的把屎把尿训练；

为了省事，很多家长把10个月大甚至更小的孩子放到学步车里，让孩子整日里自由活动；

为了解决孩子的哭闹问题，很多家长长时间给孩子使用安抚奶嘴；

……

许多家长为了省事，不惜违反孩子自然成长的规律，从没想过自己的行为是否会对孩子造成不良影响。无论如何，这样的养育方式不值得原谅。

上面所讲是家长或者养育者为了满足自身的需求而选择了错误的养育方式。下面，我们来看看这个问题的另一个方面。很多家长之所以把自身的需求凌驾于孩子的需求之上，是因为他们在寻回自己儿时没有达成的需求。

日常生活中，经常有人这样抱怨：

“我小时候家里太穷了，父母几乎没给我买过玩具。所以还没有孩子的时候我就下过这样的决心，将来我的孩子想要什么玩具，我都会买给他。”

“我小时候，父母陪伴我的时间太少了。有了孩子后，至少在孩子 3 岁前，我肯定不会工作，我要在家里好好陪孩子。”

……

这就是家长在寻回自己小时候的需要。这些家长的行为看似是在满足孩子的需求，实则是在满足自己的需求。这样的家长给予孩子的不一定是孩子需要的。

从某种程度上来讲，家长通过寻回自己小时候的需求来满足眼下孩子的需求并不一定是错误的，因为这至少是从孩子的角度考虑问题。问题的关键在于，基于这样的需求而对孩子做出的“补偿”很容易过度。而过度的“补偿”对孩子而言，很可能是一种伤害。

我分享一件我亲身经历的事情。

我怀大女儿的最后 3 个月，婆婆来北京照顾我。婆婆的精心照顾，导致我在 3 个月的时间内整整胖了 30 斤。每次吃饭时，我已经吃得很饱了，婆婆还是会劝我：“你再吃点儿，现在你可是两个人。”另外，我根本不喜欢吃肉，但婆婆总是做肉给我吃，美其名曰“给我补充营养”。为此我很苦恼，但碍于婆婆的好心又不忍拒绝。我屡次沟通但不见成效。

有一次，她在家里看电视，电视里的专家讲道：“现在的孕妇几乎全部存在营养过剩的问题。其实，孕妇无须过多增加营养。现在物质生活水平提高了，孕妇每天比不怀孕时多吃一个馒头就可以了。而且，我们无须焦虑，营养不良的孕妇也能生出健康的孩子，因为母体会把营养优先供给胎儿。”

这时，婆婆终于明白自己的好心导致了我的肥胖。究其原因，这要归结于她是小时候挨过饿的人。她说自己怀孕的时候，鸡蛋都吃不起，营养极度匮乏。所以，她当下的做法，很大程度上不是在满足我的需要，而是在不知不觉间满足她当年怀孕时未被满足的需要。我需要的是清淡的饮食，不是大鱼大肉；我需要的是吃饱就行，不是不吃撑绝不罢休。

把我们的需要而非对方的需要强加给对方，这不是爱，是负担，甚至可能是伤害！我们面对孩子的时候，道理是一样的。

所以，爱孩子先要弄清楚，你是在爱孩子还是在爱自己！

你真的准备好让孩子长大了吗

我在前面讲过啃老的问题，下面我们再从另一个角度看看这个问题。

演员马伊琍在接受采访的时候说，有一次送大女儿去幼儿园，当发现女儿很适应幼儿园的生活并且没有像以前那样舍不得妈妈离开时，她非常失落。

真人秀节目《爸爸去哪儿》第一季播出之后，身边很多朋友都对林志颖父子的一次互动印象深刻。那一次，孩子们要独立行动，父亲们要去完成他们的任务。林志颖离开的时候非常不舍，心里有各种不放心。但是 Kimi 发现爸爸不见了，并没有哭，很快就跟小伙伴一起参与到任务中去了。

类似的情况，可能所有父母都深有体会。其实，很多时候不是孩子离不开父母，而是父母没有准备好与孩子分离，甚至没有勇气直面孩子的成长。

我的一个好友经常跟我说：“我的父母非常爱干净，因此我总是很努力地收拾家里的卫生。然而，每次爸爸妈妈见到我，都会说我懒，我都快气死了。”

事实上，她跟父母的感情特别好，她的父母给足了她需要的爱。同时，她的父母非常享受对她的爱和付出。比如，她已经结婚了，她的父母看见好东西还是会买来送给她，永远把她当孩子。

不难发现，她父母嘴上虽然总是埋怨女儿“懒”，表面上看对女儿不够接纳，内心却希望女儿一直这样“懒”下去。为什么这样讲？因为女儿“懒”，他们才能像女儿小时候一样无微不至地照顾女儿。

来自父母浓浓的爱是孩子一生的财富，但是有多少人知道父母这种不希望孩子长大的心理可能导致很多悲剧。

我的爷爷奶奶都生于 1935 年，那是一个动荡的年代。爷爷奶奶的母亲都在他们很小的时候就去世了。可想而知，爷爷奶奶小时候吃过很多苦。因为贫穷，爷爷小时候每天都光着脚外出放羊。为了生计，奶奶年轻的时候每天去工厂锅炉房捡煤核（烧得不彻底的煤），她的手指常常被烫得鲜血直流。所以他们不希望自己的孩子吃苦。在他们的娇生惯养下，5 个孩子连基本的乌鸦反哺的道理都不懂。我曾问奶奶最喜欢哪个孩子。奶奶哭着说："若知道他们今天是这个样子，我当初一个都不要。"

奶奶是彻底心寒了。别人不说，就说我父亲吧。父亲让奶奶操心最多。爷爷奶奶的教养模式里有这样一个原则："他小，你们让着他。"所以，爷爷奶奶倍加爱护的这个小儿子——我的父亲，一直没长大。

我的父亲 20 世纪 80 年代接了爷爷的班，成了一个工厂的职工。但是好景不长，工厂很快宣告破产。20 世纪 90 年代在家待业的那些年，父亲过得很差，但就是不愿意出去赚钱，干一点儿活儿就会抱怨。继母非常大度："那你就别出去了，在家洗衣服做饭吧。"即使如此，父亲还是犯懒。爷爷去世前几天，还叮嘱他要及时干家务。

有一次，姥姥（继母的母亲）受伤了。我给她打电话，80 多岁的老人家对我说："哎呀，前两天我感冒了。他们都忙，你爸天天来陪我打点滴。你爸现在都敢拔针了。"父亲

50 多岁的人了，给人家当了 20 年女婿，替人家拔个针头就是“优异表现”了。

我知道父亲那些年是痛苦的，没有人愿意那样过活儿。我读高中的时候，有一次对父亲说“你去给我开家长会吧”。他死活都不愿意，说是怕给我丢脸，可见他有多自卑！一个大男人，实现不了自己的价值，不能养家糊口，家务也做不好，连女儿的家长会都不敢去，怎么可能快乐！是什么造就了这一切？父亲的痛苦源于爷爷奶奶对他的没有界限的爱。

这些年，我感觉父亲的状态很好。姥姥受伤这一年，母亲和舅舅们忙于工作，父亲每天都会去照顾姥姥。在照顾姥姥的时间里，他感受到了自己一直缺少的胜任感。我因此很替他开心。

有一种爱叫作放手，我觉得所有父母都要好好品一品这句话。天下许多爱都以聚合为目的，但亲子之爱应以分离为目标。因为，只有孩子能够健康独立地面对生活，正常开启自己的人生，这爱才算成功。

我们来看一个小故事。

母鹰在悬崖上筑巢为孵小鹰做准备时，会先找一些荆棘放在底层，再找一些尖锐的小石子放在荆棘上面，最后找一些枯草、羽毛或兽皮盖在小石子上。

小鹰出生后，母鹰会找来各种食物细心地喂养小鹰。

小鹰慢慢长大，羽翼渐丰。母鹰认为小鹰可独立生活时，会奋力搅动巢，让巢里的枯草、羽毛或兽皮掉落而暴露出尖锐的小石子和荆棘。

小鹰被刺得咕咕叫，可是母鹰仍会无情地驱逐小鹰。

无奈之下，小鹰只得忍着疼痛振翅单飞。

母鹰太残忍、太无情？不，母鹰深爱着小鹰。但是，母鹰更渴望它疼爱的小鹰能成为四处翱翔的雄鹰，因此必须无情地逼着小鹰感受挫折，飞离舒适的窝，勇敢地学习独立。小鹰刚开始飞翔时总是跌跌撞撞，母鹰会偷偷地跟在后面照顾它、保护它，直到小鹰能自如地飞翔。

正所谓“道是无情却有情”，母鹰之所以这么做，为的是让小鹰飞往属于自己的那片蓝天。

我相信天下所有母亲都能体会母鹰赶走小鹰时的心情。无论多么不舍、多么心疼、多么难过，但为了孩子将来可以“展翅翱翔”，家长必须忍受这种折磨。

在教育后代方面，母鹰值得我们学习。母鹰十分有远见，在筑巢时就已经为离别埋下了伏笔。更值得我们敬佩的是，母鹰明白一个道理：新生命是需要尊重的。是啊！如果什么事情都替孩子做了，该让其独立的时候不让其独立，谁又来为其痛苦的后半生负责呢？

因此，你真的准备好让孩子长大了吗？

家长如何克服焦虑

为了写好这篇文章，我在微信朋友圈发起调查，目的是想了解一下家长在教育孩子的问题上都有哪些困惑。我现在列举一些典型的问题。

孩子吃饭不多的时候，我很焦虑；

孩子叛逆的时候，我不知道如何跟他相处，感觉很焦虑；

孩子不认真写作业时，我一想到他以后要面对激烈的竞争，就深感焦虑；

我会因为孩子性格上、学习上的一些不足而焦虑，家长希望自己的孩子在各方面都十分优秀；

现在的孩子学习压力很大，作为家长我也很有压力；

孩子性格内向，在学校从不敢主动发言，我希望孩子在学校能积极一点儿，但不知道怎么引导他，因此十分焦虑；

孩子学习态度不端正，我担心她考不上理想的大学，很焦虑；

……

在此基础上，我将家长焦虑的原因总结如下：

1. 家长无法接纳孩子本来的样子，对孩子有更高的期许；

2. 每个人的性格都有两面性，但家长更多关注孩子性格中相对较弱的方面；

3. 由于自身有限制性信念，家长对孩子的正常行为产生了不必要的担忧；

4. 家长对自己不够接纳，因此不受控制地更为关注孩子的“缺点”。

归根结底，容易焦虑的家长对自己的接纳度都不高。一个人对自己有多高的接纳度，对外界就有多高的接纳度。一个家长对孩子有多不满，对自己就有多不满。毕竟，挑剔孩子比承认自己不好更容易。

如何改变?

接纳孩子本来的样子

家长都期待培养出更加优秀的孩子。然而，每个孩子的天性都不一样。正如世上不可能有只有正面而没有背面的纸一样，世上也不可能有完美的孩子。更何况，完美、优秀等都是相对的概念。我们要明白，每个孩子都能做到的是——成为更好的自己。只要孩子三观正，有出息是早晚的事。

接纳孩子的不完美或者不同是每个家长克服焦虑的必修课。

多看看孩子的优点

世界上没有完美的人，无论大人还是孩子，一定会有优势与劣势。另外，用一个优点或缺点去评价一个人，是不科学的。

很多家长每天都把注意力放在孩子的缺点和不足上，结果越是关注这些，越容易发现孩子的“问题”。由此，孩子越容易失去自信，家长则更加焦虑。如此恶性循环，家庭教育所面临的挑战会越来越多。

看到自己的限制性信念

女儿暖宝出生后，我一共有过两个特别焦虑的时期，一是她刚出生的时候，二是她上幼儿园前夕。

其实，我对暖宝的陪伴质量是不错的，因此我并不担心她上幼儿园的适应问题。但有一个现实问题是，暖宝上幼儿园之后，我婆婆就回老家了。这意味着，一旦孩子生病，我就得放下自己的工作来陪她。我是一名心理咨询师，我的工作往往是提前预约好的，有时候我还要参加线下课程。因此，我焦躁不安。

当时，我正好参加了一个课程，我在课上跟老师表达了焦虑。老师回答：“我也曾做了四年全职妈妈。如果孩子病了，我照顾孩子的时间，就当是给自己放假了。”

老师的话令我陷入了深深的觉察和反思。在那之前，一旦与来访者约好，我从未有过爽约的情况，但我允许来访者取消约定或更改时间。这对我而言，其实是不公平的。

由此，我看到我的焦虑背后有一个“我应该……”的限制性信念，具体而言，这个信念是“我应该在约定的时间完成咨询，不应该随意更改时间”。

正因有了这个“我应该……”的限制性信念，我才如此焦虑。事实上，当时女儿上幼儿园已经一年半了，我担心的情况一次都没出现过。

焦虑，其实就是我们用未知的将来恐吓自己。

家长的注意力要多放在自己身上

家长把过多的精力放在孩子身上时，往往会有一种失控的感觉，因为没有一个孩子会完全按照父母的期待成长。

因此，越是关注孩子，家长内心的挫败感越强。要想培养出健康的孩子，家长一定要有足够的对自我的关注。

暖宝刚出生的时候，我异常委屈。在心理咨询师的帮助下，我画了一幅“生命饼图”——一个圆形的“大饼”，它代表我的所有精力。之后，咨询师要我在这幅图上将我每天的时间和精力分配情况做一个形象化的呈现。

我发现我每天用30%的时间工作，用30%的时间协调各种生活琐事，用10%的时间做家务……当发现每天陪孩子的时间不到20%的时候，我哭了。

谁知，咨询师问我："你难道不是你爱人的妻子吗？"

我竟无言以对。

从那时起，我明白了"爱自己是爱一切的开始"。此后，无论工作多忙，无论事情再多，我也会给自己留足时间。同时，随着自我的成长，无论做什么事，我越来越不委曲求全，而是尽可能忠于自己的感受和身体。

与此同时，很多人觉得我越来越可爱。因为我始终保持着一个习惯，那就是自我愉悦。

很多女性为人母后，就放弃了曾经的快乐，从一个可爱的女孩变成自己曾经十分讨厌的怨女。一个人若习惯忽视自我，那他就没有能力爱别人。

一位想给孩子高质量的爱的母亲，一定要有取悦自己的能力。

总之，每一个家长的焦虑，都可能是长期缺乏对自己的关注导致的。爱孩子，从爱自己开始。

阅读互动

一、阅读本章，你有哪些触动和收获？

二、请回忆一下，在你成长过程中，哪些不是你的需要，而是父母强加给你的？请反思一下，在你养育孩子的过程中，哪些不是孩子的需求，而是你因为自己的执念强加给孩子的？

三、读到这里，你是如何理解“孩子需要滋养，父母需要成长”这个观点的？

____

____

____

四、你觉得合格的父母应该是怎样的？

____

____

____

____

____

____

____

____

____

____

第五章

别让“扭曲的亲子关系”毁了你的孩子

为何很多母亲满腹委屈

由于工作关系，我每天都要直接或者间接接触很多为人母尤其是初为人母的女性。她们有的在事业上大有作为，是职场上的女强人；有的把重心放在家庭，一心以相夫教子为己任；有的工作、家庭两不误……真可谓花开千朵，各有不同！

然而，我也发现这样一个事实，几乎每一个向我咨询或者和我有过普通沟通的女性都无一例外地向我倾诉过内心对生活的各种不满，就好像她们每天都生活在巨大的委屈中一样。为此，我有过很多疑惑。为什么会这样？后来，我慢慢地发现，很多人的委屈开始于孕育孩子之后。这时，我才发现，我自己也存在的那些类似的烦恼终于找到了本因。

个人觉得，上述情况主要有这样几种原因。

原因一：家庭人际界限不清

“刚怀孕的那几个月，我觉得特别幸福。那时候，老公每顿饭都给我做四五个菜。后来，公公婆婆为了照顾我，过来跟我们住在了一起。自那以后，老公酱油瓶倒了都不会扶一下，下班一到家就打游戏。更重要的是，我再也感觉不到幸福了，我感觉老公不那么关心我了。我怀孕期间，家里的一切事情均由婆婆代劳。我每天和婆婆待在一起的时间远远超过了和老公待在一起的时间。我为此不知道掉过多少眼泪。”这是一位母亲的倾诉。

类似的倾诉，我遇到过很多。具体情况各异，但大多大同小异。

有类似经历的我可以说对此感同身受。在很多父母眼里，儿女不管多大都是自己的孩子。所以刚刚成家立业的人，一旦有父母在身边，就会毫无察觉地回归儿时的状态。在原生家庭什么家务都不会做的独生子女尤其如此，父母不在身边时还知道呵护爱人，父母一旦出现，他们似乎马上就忘记了自己作为一个成年人的责任。

如果你经常看家庭矛盾调解类电视节目的话，不难发现这样的画面：一边是儿媳的哭诉，原因是丈夫太过软弱，婆婆什么事情都代劳；一边是婆婆满心委屈的质问：“我给你们洗衣做饭，帮你们带孩子，什么都不用你们干。我得怎样做你们才能不离婚？”可怜天下父母心，婆婆的用心良苦可以理解，但问题就出在——“我得怎样做你们才能不离婚”。天底下的女人都想嫁如意郎君，而不是完美公婆。每每看到这样的场景，我就想和这样的公婆说一句：实际上你们什么都不做，他们就不会离婚了。

要跟女人生活一辈子的是她的老公，不是她的公婆。能给女人幸福感的也是她的老公，不是她的公婆。在公婆大包大揽的家庭，女人刚生养的孩子是孩子，老公又是公婆的孩子。这样一来，顶天立地的男主人的角色就没有人扮演了。女人天生渴望被呵护、被宠爱，尤其在怀孕生子之后。试想一下，面对不能正常表达情绪的孩子、在公婆面前回归孩童本色的丈夫以及爱孩子和孙子远胜于自己的公婆时，女人的委屈能少得了吗？

有此种苦恼的家庭不少。大包大揽的公婆这样做的出发点是好的，他们也希望儿子儿媳能够幸福安稳地度过一生。

然而，他们的行为却导致了家庭尤其是小家庭人际界限的模糊，他们的行为让他们的儿子越来越不懂得担当，让儿媳失去了精神依靠。他们打着“爱”的名义实施着“非爱”的行为，最终必然导致小家庭的破裂。

不管什么时候，我们必须搞清楚一点，一个完美的家庭一定是一个人际界限清晰明了的家庭。在这样的家庭，每个家庭成员都能很好地扮演自己的角色，丈夫是丈夫，妻子是妻子，公公是公公，婆婆是婆婆，孩子是孩子，大家各自干着自己应该做的事情，绝不越俎代庖。否则，问题就来了！

原因二：我们一直在心甘情愿地委屈自己

上面提到，家庭人际界限不清楚可导致母亲的委屈，但这终归是外因。更为关键的是，作为母亲，我们是不是一直在心甘情愿地委屈自己？

刚生完孩子后，有相当长一段时间，我情绪十分低落，感觉每天都压力重重。由于自己无力从困境中走出来，我只得寻求心理咨询师的帮助。在咨询师的帮助下，我发现我每天会用 30% 的时间工作，会用 30% 的时间处理日常生活中的各种琐事。当发现每天只能用不到 20% 的时间陪伴我那至爱的女儿时，我哭了。但这还不是最让我吃惊的。当发现留给我和老公或者留给我自己的时间几乎为零的时候，我简直不敢相信！

后来，我基于这一点写了一篇文章并发表在我的自媒体平台。很多女性朋友给我留言，她们对此感同身受。还有很多人留言说，她们对此已经习以为常。这或许跟我们的文化、我们从小接受的教育、我们从小耳濡目染的一切息息相关。也就是说，我们的日常文化对母亲的定位就是这样的。

前些年，我看过一个报道，一位职业为老师的年轻妈妈为了自己的学生，每天早出晚归、加班加点，在女儿生病时也顾不上带女儿去医院，结果女儿因为高烧失明。接受采访的时候，这位母亲淡淡地说，为了工作只能对不起自己的孩子了。

这也许正是我们文化的一部分，母亲注定和奉献、锅碗瓢盆等相关。家庭关系的紧张和这种对于母亲的定位不无关系！母亲的无条件付出被认为理所当然，所以婆婆为自己的儿子、孙子付出一切是正常的。而且，年轻妈妈也应该沿袭这样的传统，否则就是不正常的！

那么，问题来了，“牺牲”注定——委屈！也即，我们的委屈是我们自愿的。

原因三：父亲的缺位

我清楚地记得，我和先生第一次带孩子回娘家的时候，无论是我的娘家人还是火车上遇到的陌生人，看到先生娴熟地给孩子换尿布都无一例外地大加赞叹，说这样的爸爸真了不起。可见，给孩子换纸尿裤、冲奶粉、洗衣服等看似稀松平常的小事，并不是每一位爸爸尤其是新爸爸能做到的。不止如此，很多家庭在孩子成长过程中，父亲完全处于缺位的状态。

我们来看看下面这些母亲的倾诉：

"我带孩子时，他爸一点儿都不管！就说我坐月子那会儿吧，我瘦了不少，他倒是一下子胖了十多斤。现在仍旧如此，孩子都是我和老人带。他下班后，进家就吃饭，吃完饭就玩游戏……"

"我家孩子爸爸有时候也会和孩子玩儿，但是只限于孩子高兴的时候。孩子一哭，他就嫌烦了，就把孩子扔给我，自己玩游戏去了……"

“出门的时候，大部分时间都得我抱孩子。生产后，我身体恢复得并不好。孩子现在很胖，我每天都特别累，腰疼得要命……”

“他爸爸什么都不会做。有时候孩子晚上醒来后吵着他了，他还会和我吵架！”

……

在孩子成长过程中，父亲不参与或者参与不够，这样的情况在我们身边十分普遍。这实际上是一种畸形的状态。这跟我们常说的“男主外，女主内”有很大的关系。

这样的情况对于生产之后要立马投入育儿大业中的妈妈来讲，尤其对于年轻妈妈来讲，实在是一个巨大的挑战。这对于那些还要及时回归工作岗位的妈妈来讲就更不容易了！每天工作 8 小时，下了班还要带孩子、洗衣服、做饭……心里不委屈是不可能的，有一肚子苦水才正常！

抛开母亲的委屈不谈，实际上，在孩子人生早期，父亲的缺位影响更为深远。

父亲往往可以给孩子更多人格层面的影响。父亲是力量、智慧的化身，比母亲更容易教会孩子幽默、从容、豁达等。父亲更敢于放手让孩子去探索世界。父亲的正常参与可以避免完全由妈妈带大的孩子过于娇气。对于男孩子来讲，父亲的一言一行都在潜移默化地影响他。

对于女孩来讲，父亲参与养育过程更是意义深远。父亲的伟岸可以给女儿带来安全感。尤其在3～6岁的俄狄浦斯期，女儿有恋父情结，更愿意向父亲靠拢以习得异性的力量，更能在体会自己对异性的吸引过程中体会异性对自己的吸引，从而达到对自身性别的认同。

如果父亲在家庭教育中参与不够，无论男孩女孩，都可能因为从小缺少父亲的陪伴与认可而缺乏安全感，从而无法建立高度的自我认可。在长达十几年的成长过程中，或者说在至关重要的人生早期，如果父亲长期缺位，男孩子的男子气可能受影响，而女孩子可能遇到的问题是长大后不懂得如何与异性相处。

因此，父亲，该回归本位了！

我们为什么那么反感被父母“说”

我们为什么那么反感被父母“说”？因为我们想成为一个不需要别人“说”，自己就可以朝着好的方向发展的人。另外，孩子为什么不听话？因为孩子不想成为家长的样子。

家长最常见的抱怨是：“你这孩子怎么这么不听话？”这样的抱怨背后的潜台词是：

1. 孩子内在没有自我反思系统；

2. 家长说的话，孩子应该听；

3. 孩子没有按照家长的期待成长，是在跟家长作对。

我小时候，我的父母没有时间关注我的学习。我每天迟到与否，他们根本不在意。迟到后，我一个人进入教室的场景，让我非常难堪。在一次迟到后，我下定决心要改变这个状况。从那以后，我每天都提前10分钟出门，再没有迟到过。这就是成长，以自我反思为基础的成长。这样的成长是实打实的成长。

我们再来看看另一种迟到。有些家长喜欢包办孩子的生活，习惯把孩子每天的生活安排得有条不紊，孩子从来不用思考生活上的事情。这样的孩子迟到了，家长比孩子还着急，就像自己迟到了一样。这种情况下，孩子反倒成了局外人。这倒也没什么，不可思议的是，很多家长这时候会不停地训斥孩子："你就不能快点儿啊，迟到了吧！说你多少遍，你都记不住。"实际上，家长的这种行为越界了，会干扰孩子自己体会自然行为的后果。

还有一种情况是，孩子因磨磨蹭蹭老迟到，家长会选择打车或开车送孩子上学，以免迟到的情况发生。这样一来，孩子不用为自己的磨蹭承担迟到的后果，至多只需要背负几句家长的指责，自然得不到成长。

对孩子来讲，比起承担严重的行为后果，听父母训斥几句完全无所谓。时间长了，孩子必然会对父母的训斥免疫。

另外，很多家长认为，孩子有问题，必须"说"，否则他怎么长记性，怎么改正，下回还会犯同样的错误。殊不知，家长对孩子行为的斥责，实际上会严重干扰孩子的内在反思系统。

任何人在遭遇外界的干扰时都会不自觉地启动自我防御机制。当不被接纳的时候，我们会建立一个保护层，阻断来自外界的伤害。这也是训斥教育基本没有功效的原因之一。

孩子犯错，父母并非完全不能“说”。重要的是，“说”孩子的背后，是否有接纳。

过去，我母亲经常因为我衣物的整洁程度不如她的期待而批评我，这严重地影响了我们的关系，因为我发现这背后是她对我的不接纳。当妈的应该容忍孩子的问题，即使想要孩子做出改变，也要正确面对孩子的不足。我感觉母亲在无谓地指责我，我自然十分抗拒。我认为，每个人的人生选择不同。我更愿花时间陪孩子、进行自我成长，而不是每天花很多时间搞卫生。

面对我的抗拒，母亲也会反思。一次长时间分别后的重聚，她很安静地帮我整理衣物，我感受到了她的平和与慈祥，我感觉她对我是接纳的，她让我改变不是出于个人的喜恶，而是真的希望我好。当时我忽然就有了一个想要做出改变的念头，我决定从那以后尽自己所能让自己的衣物保持整洁，不能再让母亲受累了。

可见，孩子能否真正接纳家长的意见，关键在于父母对孩子的接纳程度，关键在于父母是否能真的站在孩子的角度考虑问题。否则，如果父母希望孩子改变的背后是不能接纳孩子，不能正视孩子的行为，那么孩子越是不被父母接纳的“缺点”，越是不容易改变。

而且，很多父母之所以控制孩子，是因为他们控制不了自己。

我的母亲是家中长女，从小被她的父母要求给弟弟妹妹做好榜样、管教好弟弟妹妹。同时，她的父母完全不尊重她，总是责罚她，因此她的弟弟妹妹从来不听她的。长期以来，这种挫败感一直困扰着她。

在和我的关系中，母亲会不自觉地启动控制他人、渴望他人服从和尊重她的模式。她对我是不接纳的，她不懂得要接纳我，因为童年的她就是不被父母接纳的。面对我时，她要么抱怨：“这孩子怎么这样？”要么要求：“你做错了，要勇于承认错误。”要么对我进行人格化评价：“这孩子就是习惯丢三落四。”这种不接纳导致的是我的反抗。

当父母习惯对孩子进行人格化评价时，孩子久而久之会很无奈。比如，孩子可能会这么想：我怎么努力都没用，偶尔出现一个疏漏就会被评价为丢三落四的人，那么我就丢三落四好了。不反抗的时候，孩子对来自父母的负面评价就免疫了，父母的教导也就没有意义了。

母亲说过，如果别人“说”我，我基本上都能平和地接受，唯独面对她的“说”时，我反抗的时候居多。我想说的是，别人“说”我什么，都是说说就完了，人家没想改变和控制我；而母亲“说”我，大多数时候是想改变我，想要我变成她期待的样子。

很多时候，如果父母能站好自己的岗，孩子自然会有自我反思的能力。不去干扰孩子的自我反思系统，不因为控制不了自己而去控制孩子，能接纳孩子本来的样子，那么很多问题就不攻自破了。千万不要小看孩子的自我纠错能力，只要三观正，他就不可能犯下很大的错误。

可以毫不犹豫地说，亲子关系一旦破裂，最可能的原因是父母不能接纳孩子。这背后的原因是，父母不能接纳自己，并把对自己的不接纳愤怒地投射到了孩子身上。不懂得反思的父母一辈子都在“说”孩子，孩子则永远在反抗。

没有完美的孩子，没有孩子的成长是一帆风顺的。一个从没犯过错的孩子，不可能得到很好的成长。

因此，接纳孩子，把孩子当成一个自然的生命体——他的一切都是自然的，这是教育孩子的基础。如果你总是把孩子想象成一个完美的个体，一旦出现问题就抱怨孩子不努力、不长心、不认真……那你终究会毁了孩子。

谁是孩子，谁是家长

有一次，我心情特别糟糕。2 岁的女儿来找我玩儿，我置之不理。她并没有生气。当发现我在流泪的时候，她一边拥抱我，一边用小手帮我擦眼泪，还不断安慰我：“妈妈不哭，喜欢妈妈。”我甚是欣慰。

同样的情形也常发生在母亲与我之间。

有一段时间，母亲从老家赶来帮我带孩子。当时，家里发生了很多事，她的内心聚积了很多负面情绪。一个晚上，因为第二天要参加一个非常重要的活动，所以我在认真地做准备工作。然而，母亲汹涌的负面情绪一波波向我袭来，我很难安心工作。我原本试图像以前一样忍着，任由母亲倾诉。然而，当想到第二天活动的主题是“如何沟通”时，我决定坐下来跟母亲好好沟通一下："妈妈，明天的活动对我来讲非常重要。我理解你现在的心情，你能不能等我工作完了再聊这些？我现在确实需要安心工作。"

母亲当时停止了诉说，但事后不止一次埋怨我当时没有倾听。她一次又一次委屈且振振有词地表达着她的不满："我心里有那么多事，你为什么就不能理解我？你要工作了，你就不让我说，那我跟谁说？"

在母亲的认知模式里，她有了负面情绪，我要随时随地倾听。我请求她换个时间诉说都不可以，因此我也十分委屈。

日常生活中，我见过太多这样的事情。父母可以随时随地发泄自己的情绪，发泄自己的不满，儿女只有听着的份儿，稍稍反驳就会引发父母的愤怒！

做讲座的时候，我曾不止一次地让我的学员讲一下他们从小到大在家里必须遵守的规矩都有哪些。最多的答案是："大人说话不能插嘴。不能反驳大人。挨了骂不能不高兴。做错事挨了打不能哭。"

看看我们的孩子有多苦！挨了打不能哭，挨了骂不能不高兴。也就是说，孩子有了委屈，必须自己扛，平时还必须不断地接纳父母的情绪垃圾。试问，孩子在这样的父母眼里是什么？这样的教育简直就是摧残。

如此，我不禁要问，到底谁是孩子？谁是大人？

外部关系都是内部关系的投射，总是挑剔、指责、抱怨的父亲或者母亲，内心其实都有一个不堪忍受的自己。

越是喜欢控制孩子的父母，越是不能很好地控制自己。他们控制不了自己的喜怒哀乐，掌控不了自己的人生，长期以来没能活出真正的自己，内心充满了对自己的不接纳，甚至把内心的焦虑转嫁到孩子身上。

下面是一个网友在我的自媒体上的留言。

> 我现在长大了，也结婚了。回想我妈以前对我的种种，我真的觉得她心理有点儿问题。我小时候非常优秀、非常出色，在学校德智体美样样拔尖儿。全校老师都认可我，我每个学期都是三好学生。可我妈就是不夸我，在外人面前从不说我好。别人夸我，她就说“哪有什么，一般一般”。一旦有一件事我做得不好，她就会骂我没本事，说我笨；而我做得好时，她就觉得理所应当。总之，在我面前，她一句好话都没有。

我真的很恨，我在她心里哪里都不好，我永远比不上别人！在她眼里，别人家的孩子永远都是最好的！我感觉她这样的一个母亲，对我的影响很大。

现在，我不想依靠任何人，我感觉任何人都不可靠。我太要强，性格太封闭，不合群。我从不接受别人给我的东西，任何东西我都要自己去争取。所以那些在城市里有房有车有好工作的男人我不要，我偏偏嫁了一个什么都没有的男人。我希望和他一起奋斗，一起建立我们的家。可是现在看来，我的想法好幼稚。呵呵，不得不说，家庭教育对人的影响真的很大。

我怨恨我妈，可是我有什么办法，她是我亲妈，她生我养我……

这是一段令人心痛的独白。作者把心理反哺描述得淋漓尽致。太多的父母活在自己的世界里，活在自己童年的阴影里，甚至从来不曾意识到自己已对儿女造成伤害。还有父母像祥林嫂一样总觉得自己倒霉、别人对不起自己、全世界都欠自己的，期待所有人都对自己唯命是从。

太多父亲、母亲不能站好自己的位置，不但不能包容孩子的情绪，相反还需要儿女包容他们。这样的心理反哺不从源头切断，将一代代延续，贻害无穷。

真心希望更多的父母可以通过自身的成长，减少对孩子的伤害。

爱孩子真的需要学习，家长真的需要成长。虽已说了太多遍，还是想强调一下：父母不断成长，才能给孩子更好的爱。

心理反哺正在透支孩子的幸福

父母是子女心理能量的源头。婴儿第一次感受自己的情绪是在共生期。通过注视母亲的眼睛，婴儿以为自己与母亲是一体的，母亲的情绪就是自己的情绪。

合格的养育者就像一个容器，对孩子是接纳的、包容的。接纳与包容可以化解孩子的负面情绪，孩子的心理能量由此会不断提升。

而缺乏共情能力的养育者，经常被自己内在受伤的小孩所掌控，甚至需要自己的孩子包容自己。养育者若过于挑剔，甚至像小孩一样向孩子求助，那么孩子则需要用心理能量补给养育者。这就是我反复提到的“心理反哺”。

下面，我总结一下家庭中常见的各种心理反哺现象。

逃离家庭

家本应是世间最温馨的港湾，父母的爱本应是孩子赖以生存的精神食粮。可是，我们在日常生活中总能听到这样的声音：

“我就想到外地上大学，离我的父母越远越好！”

“我在这个家待够了，我真的想快点儿长大，离开这里。”

“我 21 岁就结婚了，我想有自己的生活……”

……

是什么导致了这么迫切的逃离？

每个人都渴望与父母有深层的联结，但很多人内心却因此伤痕累累，甚至有相当一部分人试图逃离自己的父母。对这些人来讲，逃离家庭，逃离父母，是他们这一辈子一直在做的事情。那么，是什么导致他们想逃离家庭？

有一个朋友跟我讲，她父母经常吵架。父母每次吵完架，她都要被母亲拉过去评理——让她评判一下到底是父亲错了还是母亲错了。她说，她从很小的时候起就不想在那个家生活了。

当一位母亲与家人吵完架后需要儿女来给自己评理时，可以说这个母亲根本没有处在为人母的位置上，而是像一个受伤的小孩一样在向比自己强大的人求助。在类似的环境下长大的孩子不得已被家长抬到了判官的位置上，可谓左右为难。向来清官难断家务事，何况判官的位置上坐着的是未成年的孩子。

类似的事情其实不少。比如，有的父母喜欢发脾气，不管遇到什么事，都会把怒气发泄到孩子身上。相信不少孩子都充当过“出气筒”的角色。

这是一种很典型的“心理反哺”。

在这样的家庭长大的孩子，从小就懂得：“家庭是不安全的，我要为父母的关系负责。因为我不好，父母总吵架。”

从很小的时候起，这样的孩子就要用自己的心理能量来滋养父母。

家长不在其位

有一个朋友跟我讲，她小时候跟母亲在某些事上有分歧的时候，往往她还没怎么着呢，她母亲就哭了。女儿能够保持客观冷静的“成人状态”，而母亲退行到了软弱无能的“孩子状态”。于是，女儿开始哄妈妈，反哺就这么自然地发生了。

这样的情况也时常发生在我的家庭。母亲在原生家庭排行老大，从小干活儿最多但最不受宠。所以，她内在一直有一个受伤的小孩。那个小孩总是满腹委屈：“为什么我干得最多，为什么做错的总是我，为什么你们爱别人而不爱我……”

母亲因帮我带孩子而跟我住在一起的时候，一旦哪件事情触碰了她那个内在小孩的敏感神经，她就会委屈地说：

“为什么你们干活儿不主动？”

“为什么受累的总是我？”

“为什么你总向着邻居说话而不向着我？”

……

心理能量充足的时候，我会安抚她。有一次，母亲先是生气地发泄自己的不满，之后又躺在沙发上抽泣，宛如一个孩子。我用手一遍遍抚摸她的头。不久，她的情绪逐渐平复。

当我能量不足而母亲被内在受伤小孩的人格主导质问我的时候，我会有一种莫大的无力感。这种事发生得过于频繁的时候，我特别绝望。

啃老也源于心理反哺

社会舆论普遍倾向谴责啃老的年轻人，而对被啃的老人示以同情。事实上，孩子啃老是什么导致的呢？本质上讲，这是父母剥夺了孩子的独立和自主而导致的。很多父母出于自己的考虑，为孩子包办一切，从来没有把孩子当成独立的个体，从来没有让孩子在心理上断乳。这样的孩子如何成长，如何独立？不独立，就要啃老。

那些从小就被剥夺了很多选择权的孩子从来没有为自己的人生做过主，他们的工作是父母安排的，他们的专业是父母选的，他们在生活里丝毫感觉不到乐趣，他们体会不到价值感……于是，他们开始啃老。

我想说的是，这其实也是一种反哺。

因为这样的父母心中有一个受伤的小孩，那个小孩曾经十分缺爱。于是，他们把这种情绪投射到了自己孩子身上。他们按照自己的需要养孩子的过程，实际是滋养自己内在受伤小孩的过程。日常生活中，相信很多人都听身边的人讲过这样的话：“我小时候得不到的，我一定要让我的孩子得到。”悲剧的是，他们的孩子不仅无法活成他们所期待的样子，也无法活出自己生命本来的样子。

如此，当孩子错过了心理断乳期，没有勇气为自己的人生负责的时候，父母开始埋怨孩子不争气，抱怨孩子啃老。

父母一味地付出，却换来这样的结局，自然不甘心！然而，孩子若像寄生虫一样度过余生，他们心里的苦，谁又能体会？

婆婆无原则干涉小家庭

人际界限不清的情况十分普遍，许多婆媳矛盾都是人际界限不清导致的。

热播电视剧《爷们儿》中，奚美娟扮演的婆婆便是一个人际界限不清的人，她儿子国生的几次婚姻她都要干涉。一旦儿子不想服从她，她就以死相逼。

这个角色的各种行为非常符合人物的心理动因。她 30 多岁守寡，一个人把 3 个孩子带大。张嘉译扮演的国生是家里唯一的男孩，他在家里承担的角色，从来不仅仅是儿子。

由于丈夫早亡，这位母亲把对丈夫的很多情感和期许都原原本本地寄托在了儿子国生身上。只要母亲不收手，国生的婚姻一天不得自由。无论多么爱他的女人，最终都不可能在这个家里久留。母亲是这个家里一手遮天的人，任何人要想在这个家里生活下去，都必须完全按照母亲的意愿生活。

这位母亲蛮不讲理的坚持，美其名曰是为儿子好，她甚至动不动就以死相逼。试想：这样的行为是不是更像一个任性的孩子的行为？她早就偏离了母亲的本位！

这也是心理反哺！

心理反哺的代际传递

本文开头的案例所讲的那个曾经想逃离家庭的女孩长大后也做了母亲。她不希望女儿如她一样缺爱，她希望给孩子足够的爱、足够的自由，什么都让孩子做主。她每天穿什么都由女儿说了算。有一段时间，女儿不允许她穿裙子和丝袜，她就很少穿。一旦她去上班时穿了裙子，下班后会先回家换好衣服再去幼儿园接女儿。

有一次，因为时间紧，她没来得及回家换衣服，女儿见了十分生气。丈夫开车拉着她们回家。母女俩坐在后座上，无论她怎么解释，女儿就是不依不饶，甚至动手撕坏了她的衣服。那一刻，她心里感受到了莫大的委屈。

在心理咨询师的陪伴下，她逐渐意识到自己对女儿无原则的爱源于自己内在受伤的小孩。她没有站在母亲的位置上，女儿也因此不知所措。没有规矩不成方圆，规则本身可以给人安全感。

家长全然放手看似是对孩子的尊重和爱，其实还是出于对自己内在受伤小孩的保护。妈妈什么都让女儿做主，女儿感受不到规则，自然会焦虑、不安。所以，女儿之所以有无理取闹的行为，是因为渴望母亲回归本位。心理反哺就是这样代际传递的。

无论苛刻地指责孩子，还是无原则地溺爱孩子，父母都是在透支孩子内在的能量，必然会使孩子内在的安全感缺失，导致孩子自我价值降低。

合格的家长要懂得自我修行，而不是把自己小时候受的伤痛投射给孩子。当受伤的部分得以疗愈，我们便不会把自己未达成的期待赋予孩子，孩子也可以在安全自由的环境里活出更好的自己。

有时孩子说谎可能是出于无奈

没有一个孩子天生喜欢说谎，这毋庸置疑。可是为什么有些孩子慢慢长大以后学会了说谎呢？

有一次，我和好几个来访者针对这个问题展开了一场讨论。最后，一起总结可能导致孩子说谎的原因时，我们十分震惊。我们得出的结果是，很多时候我们的孩子之所以会说谎，是因为他们有太多的无奈和无助，内心充满了各种恐惧和担心。甚至可以说，孩子说谎的行为或者习惯可能是被逼出来的。

上大学期间，我做过一些孩子的家庭教师。其中一个孩子那时候正在上小学，我们相处得非常融洽。这些年，我们一直有联系。

前不久，她妈妈在微信上给我留言："我发现，女儿上初中后学会了说谎。现在，她上高中了，住校了，谎话更是一大把一大把。比如，有人说她早恋。我担心她谈恋爱影响学习，可是她根本不跟我说实话。我该怎么办？"

这个妈妈的留言让我想起了一件事。

我在她家做家教期间，有一次她女儿小心翼翼地对她说："妈妈，我昨天在超市拿了一块糖。我是不是做错了？"

她十分生气："你怎么能这么做呢？这种行为是偷，你知道吗？你以后再也不许做这样的事情了，知道吗？你问问大姐姐，这么做是不是不对。"

那天，在我离开之前，她一直在指责女儿。

临走时，我对她说："大姐，孩子这样做确实不对，但是她能主动承认错误这件事情是值得表扬的。"

她对我的说法非常不认可。她说："这种事可不能惯着孩子！必须从小遏制！"也许，她认为，她基于这件事给孩子留下的印象不严厉，孩子就不会改变自己的行为。

我一直对这件事耿耿于怀，也许是因为我小时候也经历过类似的事情。到现在我还记得，那个孩子红红的脸蛋上一副难堪的表情，她甚至有些害怕。我感觉得到，其实她已经知道那样做不好，鼓足勇气向妈妈承认错误是为得到妈妈的原谅，也希望自己主动承认错误的行为得到鼓励。然而，她没想到，事情会向另一个极端发展。

这样的事情，我们可能每天都会见到。孩子犯了错，严厉的批评甚至训斥在很多家长看来是再正常不过的事情，甚至大打出手在家长看来也不为过。然而，孩子在一天天成长，自尊心在一天天增强，来自父母的批评、训斥、打骂只会引起孩子的逆反，会起反作用。久而久之，孩子为了逃避这些，只能——撒谎！

还有一次，一个男孩子向我分享了他的一个小秘密。

一天，他回家晚了，他父亲很生气，问他为什么这么晚才回家。他说：“我跟朋友一起去玩了，忘了回家的时间。”结果，他父亲不仅狠狠地批评了他，还生气地踹了他一脚。从那以后，他回家晚的理由变成了——“老师拖堂了。”“在学校写作业了。”“在学校参加兴趣小组的活动了。”……当然，这些理由没有一个是真的！

另外，如下事情也不少。在家庭成员较多的家庭，在教育孩子的问题上，家庭成员的意见总是不一致。比如，妈妈坚决不允许孩子吃糖，而爷爷奶奶偷偷买糖给孩子吃。妈妈无意间发现了孩子书包里的糖，问孩子糖是哪儿来的，孩子可能会说："同学给的。"

这个谎言背后的原因就很复杂了，可能是孩子跟妈妈关系疏离；可能是家庭成员教育观念不一致，导致孩子心存侥幸；可能是孩子出于好意对爷爷奶奶的维护……可以说，这些都会为孩子营造一个无法说真话的环境。

还有一种情况是，很多家长不允许自己的孩子撒谎，但是自己并不能以身作则，不仅对外人、对家人撒谎，甚至哄骗孩子。试想一下，在这样的示范下，孩子不撒谎反倒不正常了。

孩子说谎，不外乎以上这些原因。要想教育出不说谎的孩子，务必对症下药。日常生活中，家长要注意以下几点。

诚实应该得到鼓励

正如本文第一个案例所展示的情况一样，很多孩子在说完实话以后不仅没有得到自己期待的结果，反而招致斥责，甚至打骂。试想一下，如果孩子有了这样的经历，以后还敢说实话吗？正确的做法是，我们在批评孩子错误行为的同时，一定要记得鼓励孩子主动承认错误的勇气和态度。对于本文第一个案例中的妈妈来讲，恰当的做法是告知孩子错误行为不可取，同时鼓励并建议：“你能够主动告诉妈妈你昨天偷拿糖果的事情，妈妈非常高兴！妈妈看得出，你是一个诚实的孩子。妈妈相信你以后再也不会犯这样的错误。以后，你想吃糖果，直接告诉妈妈。”

错误应该得到接纳

人生在世，谁能不犯错？大人也会犯错，孩子更是避免不了。孩子如果已经犯下错误，我们应该有一个接纳的心态，接纳孩子的不完美，接纳孩子的错误！不要期望孩子十全十美，那是不可能的。否则，可能会给孩子太多的压力。比如，本文第二个案例中的父亲，如果能用沟通代替打骂，对孩子说：“儿子，你由于忘了回家的时间回来晚了，爸爸特别理解。但是你不按时回家，家里人会担心你，会着急！下次你按照约定时间回家好吗？”这样沟通的效果显然比责骂甚至大打出手的效果好。

父母的宽容是孩子敢于面对错误的前提，父母的接纳能激发孩子承认错误的勇气。

世界上没有完美的孩子，我们要学会接纳孩子的不完美。这样我们的孩子才能成长，才能无限接近优秀，接近完美。

父母言行要一致

教育的过程好比种庄稼的过程。我们如果给孩子提供的环境不适合孩子成长，就好似把庄稼种到了盐碱地上却期待庄稼有良好的长势。显然，这是不可能的。

在《好妈妈胜过好老师》这本书里，作者尹建莉老师记录了这样一段经历：

> 我们到烟台后，单位很快把户口给办好，还给了我们一套三室的房子。漂泊几年后，来到这样一个美丽的海滨城市，有了这样一份安稳的生活，这让我们觉得非常幸福，心里很感谢招聘我们过来的院长，于是春节回老家时花二百元买了一对有蒙古特色的工艺小银碗，准备作为老家特产带回去向院长表示感谢。
>
> 我和先生从没给任何领导送过礼，这一次送这个小

工艺品虽说只是出于感谢，但是拿着“礼物”带着圆圆往院长家走时，心里还是有些不好意思，似乎很害怕别人知道。圆圆不理解我们的心情，她来去都兴高采烈的，很为自己去给别人送了点什么而高兴。所以当我们回来走到楼下，看到和我们同住一个楼的她爸爸单位的同事时，她就兴冲冲地对那人说：“熊伯伯，我们刚才去院长爷爷家，给院长爷爷送礼去了！”她爸爸尴尬得只有嘿嘿笑的份儿。

这事现在看来只是笑话，很有趣，当时却弄得我们很不自在，有些下不了台。但我们没责怪孩子一句，也没有试图再说任何一点掩饰话来圆这个场。如果当时为了面子，当着孩子的面说些谎话，我们自己可能不尴尬了，却是教给孩子说假话。这样的事做来不合算。

父母的身教胜于言传。父母言行一致，自然会给孩子树立良好的榜样。

总之，孩子一旦说谎，家长不要急于责备，而是要反思一下，是什么原因导致了孩子说谎。一旦我们找到了孩子说谎背后的原因，孩子说谎的问题解决起来就容易了。

阅读互动

一、阅读本章，你有哪些触动和收获？

二、面对父母，面对孩子，面对爱人，你内心会经常感到委屈吗？此外，你还有其他压抑许久的感受吗？你觉得你为什么会这样？

三、你是如何看待作者关于“心理反哺”的观点的？你有这方面的情况吗？如果有，你希望做出哪些改变和调整呢？

____

____

____

四、日常生活中，你能分清情绪和感受吗？很多人为此十分痛苦。请你区分一下情绪和感受。

____

____

____

____

____

____

____

____

第六章

在孩子人生早期，
就要给他“适合的爱”

共生期的孩子，需要一种“无所不能感”

孩子出生以后，与最亲密的依恋者——母亲的良性互动非常重要。这时候的孩子虽然身体上已经与母亲分离，但是心理上与母亲仍是一体。这个时期可以说是孩子与母亲的共生期。这个时期一般从孩子出生持续到半岁左右。心理学家马勒认为，共生期的孩子心理上需要一种“无所不能感”。也就是说，这时候最好能无条件满足孩子的各种需求。这是孩子建构人格的基础，是孩子心理能量的源泉。

无所不能感？无条件满足孩子的各种需求？孩子想干什么就干什么？很多妈妈可能会怀疑了，这不就是娇生惯养吗？这样做会不会惯坏孩子？实际上，对于6个月以内的孩子，生活无非就是吃喝拉撒，或者在好奇心的驱使下让爸爸妈妈抱着见识一下周围的各种新鲜事物。这不至于惯坏孩子。更何况，这么小的孩子，再坏能坏到哪儿去？

6个月内，孩子的心理能量是在和妈妈的良性互动中逐渐积累起来的。例如，他饿了，他想尿尿了……会通过哭的方式来表达自己的需求，这时候妈妈就应该及时觉察他的需求。一旦妈妈觉察了他的需求，他的需求得到了满足，他就会以为自己很厉害——不管想干什么，一哭就能得到及时满足，这对孩子来讲就是一种“无所不能感”。

人类是自然界的早产儿。其他的哺乳动物出生后，一般都能很快实现独立，能通过自己的肢体动作满足自己的需求，甚至能实现自我保护。然而，人类不同。初生婴儿实在太弱小了，太需要母亲的帮助以满足自己的各种需求，以在内心建立对这个世界的信任。

客体关系理论认为：人出生后的第一本能欲望就是建立关系；良好的母婴关系是婴儿健康成长的必要条件；婴儿会把养育者及养育者对待自己的方式（或者说是和养育者的互动）内化到自己内心深处，形成自己对社会性关系的初步认识。

著名心理学家温尼科特也提出，共生阶段的婴儿对母亲

（或者第一养育者）的依恋是他出生以后面临的第一种社会性关系，而且是绝对的、排他的。正是因为这样的原因，婴儿需要的是绝对理想的母亲。这样的母亲必须满足这样一些条件：能绝对认同自己的孩子，能全心全意地为孩子付出，能调整自己的身体和心理以适应婴儿的各种需求，能忘我地满足婴儿的各种需求……拥有这样的母亲，婴儿才能拥有“无所不能”的体验。

共生期留在潜意识里的“无所不能感”直接影响着孩子未来的生活。我们都听说过一个特别有正能量的词语——自我效能感。这是一个什么样的概念呢？自我效能感是指个体对自己是否有能力完成某一行为所进行的推测与判断。例如，有一些人看似生来就不缺自信，他们总是在开始做一件事之前就信心十足地认为自己能够做到。事实证明，他们的“想当然”总是能成为“现实”。这种人就是自我效能感好的人。心理学家认为，一个人自我效能感的好坏，与他生命早期“无所不能感”的建立有很大的关系。生命早期的各种浅层次的需求能够得到第一养育者的及时觉察和满足，“无所不能感”就能建立得很好，自我效能感就不会很差。这样的人成功的概率更大，幸福感更强。

也就是说，一个人生命早期的生理或心理需求若能被母亲及时觉察继而得到满足，那么母亲的正面形象和“我能行”的体验都会慢慢地内化到孩子的内心深处，自此影响孩子一生。自我效能感好的孩子成人以后，做事情的时候内心总有一个声音在鼓励自己：“我行，我能行。”

相反，如果一个人生命早期基于身体或心理需求所发出的信号不能得到母亲的及时觉察，一直得不到及时回应，那么孩子会受到莫大的伤害。当然，这还算好的。如果孩子的各种需求得到了错误或者负面的回应，那问题就大了。这很可能在孩子心里留下更大的创伤，严重的甚至可能带给孩子病态的心理。

无数临床案例证明，一个孩子遭受创伤性事件或创伤性养育的时间越早，成年后的精神障碍或疾病就越严重。人 3 岁后所经历的心理创伤，长大后更多地表现为神经症。如果我们把正常的人理解为相对健康的人，那么有神经症的人是仅次于正常人的心理功能或自我功能障碍患者。很多心理障碍患者在各方面比有神经症的人更严重。如果要追踪疾病的发展过程，我们会发现他们所经受的创伤实际发生在 3 岁以前，普遍发生在 1 岁以内。

当然，大多数早期伤害不足以导致严重的心理障碍。但有一点不容置疑，很多人当下的痛苦源于人生早期所接受的不当养育。

我也承认，完美的养育很难达成，甚至不是我们想做就能做到的。

有一个学员曾经这样向我倾诉她的困惑。

> 鲍老师您好，我小的时候，父母对我特别严厉，甚至有点儿苛刻。有一次，我把作业本忘在了家里，结果晚上回家后被罚站好久。我感觉，父母对待我的方式给我造成了很大的伤害。我很小的时候就发誓，等我有了孩子，我一定要好好爱他，好好呵护他。总之，我不会像父母对待我那样对待我的孩子。
>
> 可是，我万万没想到，等有了孩子，等孩子慢慢长大，等孩子调皮捣蛋的时候，我竟然也开始对他发脾气。我发现，我对他发脾气的时候，与父母对我发脾气的时候一模一样。

即使多年之后，这位母亲对于自己儿时所受的痛苦仍然记忆犹新，并在不知不觉中沿袭父母对待自己的方式对待自己的孩子。家庭教育就是这样，我们对待孩子的方式，通常就是父母对待我们的方式，因为父母对待我们的方式已经深深内化进了我们心里，内化到了我们的潜意识里。

每个在人生早期渴望“无所不能感”的孩子都需要体会“自己在父母心中是No.1”的感觉。如果一个人童年时期没有体会过这种感觉，就会在不知不觉中用自己的一生来寻找这种感觉，谈恋爱时向恋人要，结婚后向伴侣要，有了孩子后向孩子要……

总之，在孩子生命早期，父母的科学陪伴和教育对孩子而言十分关键。切不可误以为孩子什么都不懂而疏忽大意！否则，后悔莫及！

不要再因为孩子常“打人”而纠结

有一次，一位妈妈急匆匆地通过微信给我留言。

我家宝宝14个月，最近我发现他老是“打人”。我听别的老师说，这么小的孩子的打人行为很可能意味着他喜欢对方。但是，我仍然会制止他的这种行为。我对他说这是不对的，喜欢谁可以和对方握握手，但我这么做的效果似乎不怎么好。请问，对于孩子的这种情况，我该如何引导？任其发展下去，会不会让孩子养成不好的习惯呢？

这样的问题非常普遍。实际上，孩子的这种行为非常正常。

孩子自出生以后就在不断地发展各种大运动能力，如翻身、爬、走等。到 2 岁左右的时候，孩子的运动能力已经发展得相当不错了，但语言发育仍然处在以摄入为主的时期。也就是说，孩子还不能完全准确地表达自己的所思所想。或者可以这样说，1 岁半甚至 2 岁以内的孩子，语言能力的发育远远滞后于运动能力的发育。所以，孩子有某种需求的时候，必然是先有动作后有语言，甚至没有语言。于是，我们就会看到各种误会，以为孩子在打人。例如，想要一个玩具时，或者想要表达喜欢其他小朋友时，孩子无法第一时间像成人一样用语言来表达，而是会本能地通过动作来表达。

对于这种情况，我以为要做到以下几点。

第一，明确告诉孩子这样做是不对的

虽然我们懂得孩子打人行为背后的原因，但孩子终将要走向社会，适应集体生活。当孩子有了利己伤人的行为时，父母要立刻告诉孩子这样做是不对的。在告知孩子的时候，父母要注意自己的态度。孩子并不是真的要打人，对自己这样的行为也没有是与非、对与错的价值观判断，父母如果表现得比较激进，会导致孩子不知所措，于教育无益。

第二，接纳孩子的成长需要一个过程

对于这个年龄段的孩子来讲，整体心理水平的有意性较低，记忆的有意性也较低，因此他们的有意记忆较弱，而无意记忆占主导地位。

在这种情况下，不要期望孩子一次性记住大人的提醒。很多时候，情况是这样的，刚刚告诉孩子不要打人，他可能一转身就忘了。所以，一定要有耐心。要想让孩子改变一个习惯，要反复提醒。正因如此，我们千万不要因为所谓的“屡教不改”而自个儿生闷气。

第三，培养孩子的同理心

要从日常小事入手培养孩子的同理心，教他学会共情别人的感受。在这方面，我们很多家庭的教育还很欠缺。举个很小的例子，孩子摔倒了，为了不让孩子哭，很多老人会说：“别哭了，我帮你打地板。”其实，这样的教育容易让孩子养成向外归因的习惯，从而直接导致孩子同理心缺乏、共情力不够。我们一定要教会孩子感受别人的感受，提升共情能力。这样，孩子才不会再“打人”。

第四，家长要及时表达自己的感受

有时候，孩子会“打”爸爸妈妈，这种“打”更多的时候源于喜欢爸爸妈妈。即使我们懂得孩子为什么而“打”，我们也要直接表达自己的感受：“你打妈妈，妈妈会疼。”家长能够直接表达自己的感受，既是尊重自己，也是尊重孩子，更是尊重孩子的成长特点。如果家长不尊重自己的感受，以为孩子打就打吧——反正又不疼，甚至鼓励孩子多打几下，那么很容易给孩子以错误的引导。如此，孩子出去“打人”就再正常不过了。

第五，不要过分在意孩子打人这件事

孩子是在不断的犯错中积累各种经验并长大的。1 岁、2 岁甚至 3 岁之前的很多行为都是孩子的本能反应，比如吃手、扔东西等。父母完全不必因为孩子这些行为而恐慌。随着孩子的成长，这些行为都会在不知不觉间消失。如果家长过分担心、过度干涉，很可能起到负强化的效果。比如，一个 10 个月大的孩子无意间打了妈妈的脸，妈妈觉得这是大事，需要制止，就声色俱厉地制止。那么，妈妈的反应可能会让孩子觉得这是一件好玩的事情，至少可以引起妈妈的关注。于是，为了赢得妈妈的关注，孩子可能会变本加厉！

第六，多跟同龄孩子的家长交流

有句话说得好：“老大照书养，老二当猪养。”每个初为人父、初为人母的家长关于孩子的担心和焦虑都少不了，因为他们不知道孩子的行为是否正常，自己的管教是否合理。最好的解决方法是多跟其他同龄孩子的家长交流。

在与其他父母交流的过程中，你可能会发现，原来孩子的好多行为并不是特例。毫无疑问，这样的交流可以有效地缓解我们的焦虑。

总之，孩子的成长是个漫长的过程，家长无须因为孩子当下的一些行为而过度担心。

不要再愚蠢地迷信“延迟满足”

不管在什么场合，经常有新手妈妈问我：

> 鲍老师，孩子哭的时候，我应不应该马上抱呢？孩子那么小，我应该关心他，实在不忍心看他哭。但是有很多老师在讲“延迟满足”——不能无条件、无底线满足孩子。“延迟满足”有科学依据吗？延迟满足的度应该怎么把握？

纠结于这个问题的妈妈不在少数！有一次，一位妈妈对我说：“我女儿快 6 个月了。现在她哭的时候，我不会马上抱她，我担心把她养得太娇气。”还有一次，在一家早教中心做讲座时，我问有没有家长在孩子提出需求时因为担心惯坏孩子，即便有条件马上满足孩子也会刻意不满足孩子。举手的占多数！

延迟满足，要从一个著名的心理学实验说起。20 世纪 60 年代，美国斯坦福大学心理学教授沃尔特·米歇尔设计了一个著名的实验，这个实验是在斯坦福大学校园里的一个幼儿园展开的。研究人员找来数十个孩子，并让他们每个人单独待在一个只有一张桌子和一把椅子的小房间里，桌子上的托盘里有孩子们爱吃的东西——棉花糖。研究人员告诉孩子们，他们可以在研究人员离开后马上吃掉棉花糖，但是如果等研究人员回来后再吃可以再得到一块棉花糖。孩子们也可以按桌子上的铃，研究人员听到铃声会马上返回。对这些孩子来说，实验的过程颇为难熬。有的孩子为了不去看那诱人的棉花糖而选择捂住眼睛或是背对棉花糖。有的孩子会做一些小动作，如踢桌子、玩自己的手指等。有的孩子会用手去打棉花糖。结果，大多数孩子坚持了不到 3 分钟就放弃了。一些孩子没有按铃直接把棉花糖吃掉了。一些孩子一直盯着桌上的棉花糖，半分钟后按了铃。最后，只有大约三分之一的孩子成功延迟了自己吃棉花糖的欲望，他们等到研究人员回来并得到了奖励，这个过程维持了大约 15 分钟。

研究人员对这些孩子做了跟踪研究。结果发现，延迟满足能力强的孩子，在未来的人生道路上更容易融入竞争激烈的社会大环境。他们的工作和学习能力更强。他们更自信，能更好地应对生活中的挫折、压力和困难。在追求自己的人生目标时，他们更能抵挡住即刻满足的诱惑，而追求更长远的更有价值的目标。

也就是说，延迟满足能力越强的孩子，在未来越容易取得更大的成功。这就是很多家长训练孩子延迟满足能力的源动力。

遗憾的是，很多家长只是简单地认识了这个理论，并没有深入了解怎样的养育方式才能养育出延迟满足能力强的孩子。另外，单就这个实验判定延迟满足能力强的孩子更容易成功，并不科学。这个实验最初的研究目的只是想了解多大的孩子具备延迟满足能力。为什么这么说呢？

第一，当时的实验得出的结论是，延迟满足能力的发展与年龄相关，5 岁似乎是一个重要的分界点，4 岁以下的孩子大多不具备延迟满足能力。

第二，延迟满足能力是一种自控力。家长为了培养孩子的延迟满足能力，刻意拖延，刻意不满足孩子的需求，并不一定有助于孩子延迟满足能力的发展。因为，这些行为的发出者是家长，并不是孩子。

那么，什么样的养育方式能培养出延迟满足能力强的孩子呢？实际上，现实与我们理解的正好相反。生理需要和心理需要被满足得更好或者更合理的孩子，延迟满足能力更强。也可以这样说，刻意拖延、刻意不满足孩子的需求并不能培养出孩子的延迟满足能力。

试想一下，一个总能吃饱的孩子会喊饿吗？如果一个孩子日常的合理需要都能得到及时满足，他潜意识里就不会有“不被满足”的记忆！相反，如果一个孩子的需要总是不能得到满足，那么这种感觉始终会留在他的心里，甚至影响他性格和心理的正常发展。这样的孩子或者说这样的成人每一次看到对自己有诱惑的东西，都会有急于满足的心理，根本控制不住。

任由错误的养育理念肆意传播，最终为此埋单的只有我们的孩子！

社会上流传着很多所谓的育儿技巧，其实大都不科学。例如，孩子出生后，不能抱太多，以防孩子养成只有被大人抱着才能入睡的习惯。再如，从孩子出生第一个月起就定时把屎把尿。其实，孩子 2 岁左右括约肌才能大致发育好，他才能学会控制大小便，而过早的把屎把尿训练不仅对婴儿脊椎不好，还很容易导致尿频，甚至可能为成年后的强迫心理埋下伏笔。

错误地迷信延迟满足理论，或者忽视孩子内心需要的揠苗助长式的能力训练，不仅对孩子成长无益，甚至有可能伤到孩子。对孩子来讲，不能被满足的体验可能就是伤害！个体越早经历创伤性事件，所受伤害越大。很多苦果就是在这时候种下的。

延迟满足能力是一种自控力。这种自控力是个体社会化过程中自然而然产生的，不需要刻意培养。生活处处存在延迟满足。例如，孩子出生之后，即便是进行母乳喂养，也做不到即刻满足，更何况很多孩子是吃奶粉长大的。家长发现孩子饿了，要试水温、冲奶粉，孩子要等好久才能喝上奶。这个过程，孩子一直在等待。再例如，孩子出生后，最渴望妈妈的陪伴，如果妈妈是上班族，孩子每天都要等妈妈下班后才有机会和妈妈在一起。这些看似稀松平常的小事情，本身就是在训练孩子的延迟满足能力。

爱孩子是母鸡都会做的事情，更何况智商高出很多的人类！遗憾的是，我们太迷信各种育儿理论了，真到养孩子的时候反而不知所措。实际上，只要我们懂得用心体会孩子的内心感受，就能养育好孩子。所以，为什么要刻意地迷信那些所谓的育儿理论呢？

孩子的问题在家长，家长的问题需成长

孩子是早产儿……焦虑；

孩子体重不达标……焦虑；

孩子脸上起了湿疹……焦虑；

母乳不够，孩子吃不饱……焦虑；

孩子拉的大便里有奶瓣……焦虑；

孩子每天睡觉的时间和书上写的不一致……焦虑；

孩子 5 个月了还不会爬……焦虑；

……

上面是我罗列出来的曾经让我以及身边的许多新妈妈感

觉无比焦虑的问题。对于很多新妈妈来讲，好像每天都有许多让自己焦虑的事情。下面是我的一个学员给我的留言。

> 鲍老师，我的孩子刚出生，还不满3个月，但是已经生了两次病了。她每次生病的时候，我都心疼得不得了，恨不得自己替她生病。我觉得自己不是个好妈妈！我现在每天都生活在焦虑中，每天都担心她会生病。
>
> 另外，我经常看到网上有这样的报道：孩子睡觉的时候，因发生窒息而死掉了；袜子里的线头缠住了孩子的脚，导致坏死……我特别担心这样的事情发生在我家孩子身上。
>
> 我是不是有心理问题？我现在每天都过得很辛苦，希望您能帮帮我！

相信很多新妈妈都有过类似的情况。在这样的焦虑情绪中，新妈妈会变得十分敏感、易怒、爱哭等，甚至发生抑郁，从而处理不好与家人、朋友的关系。

其实，我们大可不必为这样的焦虑而忧心忡忡。随着孩子的成长，大多数这样的焦虑会慢慢消失。日后回忆起这些整天提心吊胆的日子，很多妈妈会笑自己无知——当初怎么会那么焦虑！

说到导致新妈妈焦虑情绪的原因，纵然有生理因素，心理因素也不能忽视。

现在我说说我当新妈妈时最让我焦虑的那些事情。我坐月子的时候是由婆婆照顾的。尽管我与婆婆有许多生活习惯上的差异，但我们的感情一直很好。可当女儿出生后，每当看到婆婆用大人用的盆给女儿洗尿布而不是用我买的专用盆时，我就深感焦虑。我担心这样洗出来的尿布会滋生细菌，从而导致孩子感染。焦虑情绪严重的时候，我甚至极端地认为婆婆对孩子不上心。

此外，让我焦虑的事情还有孩子的作息。我那时看书上说刚出生的孩子每天大部分时间都在睡觉，但我的孩子刚出生的那几个月，白天睡觉的时间完全和书上介绍的不相符合，我为此深感焦虑。

然而，随着孩子逐渐长大，我完全走过那段日子后，真心感觉自己当时太小题大做了。那么，为什么新妈妈基本上都会有较为严重的焦虑情绪呢？

一次次聆听了新妈妈们的焦虑，并与正在成长中的妈妈们反复交流之后，我发现新妈妈们之所以会焦虑，主要有以下两个原因：一是共情到了孩子内心的焦虑，二是现实的焦虑唤醒了内在小孩的焦虑。

刚出生的孩子，身体上虽然已经与母亲分离，但是心理上与母亲仍然是一体的。在心理层面，妈妈与孩子，你中有我，我中有你。

新生孩子刚刚离开过去相当长一段时间内已经习惯了的恒温羊水环境来到这个世界，一下子很难适应。面对新环境，孩子内心无疑充满焦虑。妈妈焦虑情绪的出现有一部分原因是共情到了孩子内心的焦虑和紧张。

另外，几乎所有人在出生的最初几个月，都会被一种紧张的焦虑情绪所困扰。最理想的状态是，如果我们在人生最初的几个月能得到母亲足够的呵护和共情，那么母亲就会成为收纳我们焦虑情绪的“容器”，我们的焦虑情绪因此会得到缓解。然而，相当多的孩子没有这样的机会。得不到缓解和释放的焦虑情绪会因此深埋于我们内心，成为我们的内在情绪。心理学上，我们的这种内在情绪称为“内在受伤的小孩”。当我们的孩子出生后，在我们与之朝夕相处的日子里，孩子的焦虑会从某种程度上激活我们那个受伤的“内在小孩”。因此，我们焦虑了。这是很多新妈妈甚至新爸爸焦虑的另一个原因。

从这个层面来讲，很多心理学家所说的“孩子要成长，父母也要成长”是很有道理的。可以说，孩子会给我们第二次成长的机会。否则，我们内在受伤的小孩永远得不到爱护和关注。甚至，孩子长大后，其行为仍然会引发我们的焦虑。我们内在的小孩没有得到疗愈和成长，我们会不自觉地把自己内在的这部分投射到孩子身上。

正是因为这样的原因，我想说，爱孩子最好的方式，是父母的自我疗愈。

如果我们内在受伤的小孩得不到疗愈，我们给孩子的——无论是精神上的还是物质上的——很可能只是我们的内在小孩的需要，而不是孩子当下的需要。也就是说，我们所给的，不一定是孩子想要的；我们期望的，不一定是孩子期望的。这样一看，不出问题，好像很难！

这样的事，我们身边比比皆是。有的父母由于从小生活在物质匮乏的年代，等有了孩子，会不自觉地满足孩子所有的物质需求。有的父母从小生活在缺乏爱的家庭，有了孩子以后，就会溺爱孩子，纵容孩子，并且冠冕堂皇地打着“爱”的名义。实际上，这都是我们自己的期待，孩子的问题是我们一手造成的。事实证明，这样养大的孩子，都有问题。

健康的爱，是科学的爱，是符合孩子成长规律的爱，是真正能满足孩子心理需求的爱。家长不能凭个人喜好，把自己的意愿强加到孩子身上。

孩子的问题在家长，家长的问题在童年。爱孩子最好的方式，是父母的自我疗愈！

学会和孩子告别，轻松应对分离焦虑

分离焦虑指婴幼儿因与亲人分离而产生的焦虑、不安等情绪反应，又称离别焦虑。有的时候，无论家里谁出门，孩子都会哭。有的时候，孩子玩着玩着，突然想起妈妈或者家里的某个人，一时间又找不到，就会大哭不止。这都是分离焦虑的表现。孩子 6 个月以后，随着心智慢慢发育，分离焦虑会越来越明显。

分离焦虑的问题既困扰着孩子，也困扰着家长。例如，很多妈妈表示，孩子离不开我，我每次离家的时候，孩子都会大哭不止。对于绝大多数妈妈来讲，通常的做法是："为了避免孩子哭，我会偷偷溜走。"

事实上，分离焦虑是孩子成长过程中的必经阶段。甚至可以说，分离焦虑的出现对于孩子的成长来讲是好事，家长应坦然接受。试想一下，孩子在人生最初几年与母亲或其他直接养育人建立了良好的依恋关系，当母亲或其他直接养育人马上要出门却不带他时，他以哭的方式来挽留甚至抗议难道不是再自然不过的事情吗？

或者可以这样说，孩子在成长过程中从来没有出现过分离焦虑，才是一件可悲的事情。这表明，对他而言，没有人值得留恋。也就是说，他没有亲密的依恋对象，这非常可怕。

其实，分离焦虑的发生很多时候并非源于孩子，而是源于家长。

常有妈妈这样问我：“鲍老师，孩子现在每天不让我上班，一看到我出门，他就哭。我感觉很内疚。平时我太忙了，很少陪他，看不得他哭。有时候，我会让奶奶抱着他送我到电梯口，结果分开时他还是会哭。我实在不忍心，就会让他们继续送我到楼下。我想知道有什么办法能够让孩子接纳我去上班这件事。我现在根本没法安心上班。”

实际上，这位妈妈的问题非常典型。很多妈妈本身无法正视孩子分离焦虑的问题，以致自己也焦虑了。实际上，孩子在妈妈离开后，很快就能适应妈妈不在的时间。

孩子的成长一定会伴随哭声，忍受不了孩子哭的家长，要试着接纳孩子的哭，正视孩子的哭，以正确的态度和孩子一起应对分离焦虑！有的家长因为接受不了离别时孩子的哭而选择偷偷溜走的方式，这非常不可取。正确的做法是，每天和孩子正式告别，告诉孩子爸爸妈妈下班后就回来了。

我也曾为女儿的分离焦虑而痛苦不堪。

女儿 2 岁多的时候，我特别忙，基本上每天都得按时外出。那几乎是女儿出生以后我外出最多的一段时间。每天我洗漱好准备出门的时候，女儿都会紧紧跟在我身后，寸步不离。虽然我每天都会与她正式告别，但是很多时候我的告别似乎并不奏效。有的时候，我会给她讲道理，和她说妈妈要外出工作，回来给她买玩具，她居然能听懂我的话，还会送我出门。但很多时候，我的苦口婆心起不到任何作用，任凭我甜言蜜语，她就是不允许我出门。无奈之下，我只能夺路而逃。

我知道，这终究不是解决问题的方法。我必须接受女儿的分离焦虑，但我也必须让女儿接受我需要外出上班这个事实。然而，现实是，她哭的时候越来越多，有时我在家她也会哭。有时候，她简直有点儿蛮不讲理。

我开始思考女儿为什么会这样。后来，我发现我能耐心地陪她的时候，她是通情达理的。难道是我少了一些耐心？我又发现，她每天早上一睁眼就会问我好多次：“妈妈，你不上班吗？”有时候，她自己在卧室，我在客厅。她发现我不见了，会马上出来找我。

也许真的是我少了一些耐心！我意识到了问题的症结所在，她害怕我突然离家去上班。也就是说，我每次的告别还是有点儿太突然！长期以来，她越是哭，我就越是想避免她哭，所以总是等一切准备妥当才会和她告别。改变一下告别的节奏，或许有帮助。

自那以后，每天早晨她一醒来，我就会告诉她：“妈妈等会儿要去上班，宝宝今天可以和奶奶一起去公园。妈妈陪你玩一会儿再去上班。你现在想玩什么，妈妈陪你！”

这时候，如果她说：“看兔兔。”我就会陪她看兔兔。看大约 5 分钟后，她也许会让我给她讲故事，那我就给她讲故事。讲故事之前，我会和她商量，讲完故事妈妈就要去上班了。她也许还会提条件：“听完故事，我还要喝奶……”她的要求一个接一个，我会一个一个满足她。不过，我会时不时地和她商量:“妈妈等会儿就要去上班了。”在这个过程中，她在一点一点地接受“妈妈马上要去上班”这个事实。等她完全接受“妈妈马上要去上班了”这个事实，我会适时地离开。这样的告别也许有些烦琐，但很有效果。

写了这么多，我想说的无非一点，要想解决孩子的分离焦虑，偷偷溜走乃下下策。最好的方式是，每天和孩子正式告别，而且要耐心地和孩子告别，让孩子一点一点适应你的离开。

不是孩子太黏人，而是你给的陪伴还不够

一般来讲，孩子 10 个月或者 16 个月以后，不再像以前那样依赖母亲，开始了人生早期一个非常重要的阶段——分离个体化的实践期。这时候，体能发展足以支撑他们做一些简单行为。例如，他们具备了爬的能力，发育更快的孩子这个时期甚至已经能够独立行走。因此，从这时候起，他们可以凭借自己的能力满足自己的探索欲望，不再像之前一样万事皆需别人帮忙。

如果母亲具备良好的共情能力，母婴依恋一直很好，那么这个时候充满爱的妈妈形象已经深入孩子心里。孩子最明显的表现就是极具安全感，能够很好地适应暂时与妈妈的分离，能基于自己的喜好在较为熟悉的环境里自由探索，能在

很短的时间内适应新的环境，并且不需要妈妈的陪伴就能在新的环境自由探索。

我经常说，对这个时期的孩子来讲，妈妈就是他们的能量来源，但并不需要时时陪在他们身边。

女儿 13 个月的时候，我们回婆婆家过年。婆婆家在安徽农村。有一天，我坐在厨房里取暖，老公和许多人在院子里聊天。女儿一个人在大人周围玩耍。在玩耍的过程中，她隔一会儿就会跑过来看看我。她每一次跑过来的时候，我都以为她会像以前一样扑到我的怀里，让我抱抱，然后再走开。但是那天她并没有那样做，她只是跑过来，扶着门框，往我这边看看，然后立马跑开。不仅如此，我伸手抱她的时候，她跑得更快，还“咯咯咯咯”地笑着。

我顿生好奇，于是从厨房的后门偷偷溜了出去，想看看她找不到我会怎么办。我以为女儿找不到我时，会急得号啕大哭，然而事情完全出乎我的意料。女儿再一次乐呵呵地出现在厨房门口时，发现我不见了，但她并没有在第一时间号啕大哭，尽管她一脸惊恐。我从隐蔽之处看见女儿着急地走进厨房四处搜寻我，她甚至穿过后门来寻我。等发现我躲在后门外的时候，她一下子笑了出来，她脸上的阴霾顿时消失得无影无踪。

那一刻，我不由得感慨：女儿长大了。感慨之余，我十分欣慰，女儿来到新的成长阶段了，女儿的安全感建立得非常好。

我经常想起自己在早教中心工作的那段日子。很多孩子两三岁了，玩游戏的时候还必须有妈妈或其他家长陪着。与小朋友发生了冲突，很多孩子会第一时间向家长发出求助的信号，而很多家长也会及时出面帮孩子解决各种问题。究其原因，无非是人生早期高质量的母子依恋没有建立好。没有良好的母子依恋，孩子就没有安全感。由此，本该早早独立的孩子到了三四岁甚至十几岁仍然离不开妈妈，不能实现独立。

许多父母，面对无法独立、过于依赖自己的孩子，只知道指责：“你都这么大了，怎么还这么胆小！你看看小弟弟、小妹妹，他们都能自己玩儿，你咋就不行呢？”“你看某某某，和你一样大，人家都能自个儿上学了。你怎么还得父母送？你怎么永远长不大？”等等。这是可悲的。在这样的教育里，孩子得到的永远是拒绝和训斥。而越是得不到，孩子的需求越多，对父母的依赖越厉害。这是一个恶性循环。

一个能在人生早期与母亲形成良好依恋关系的孩子，到了一定年龄会自然地离开母亲的怀抱。一个孩子之所以不愿与母亲分离，贪恋与母亲在一起的时间，很可能是因为母亲对其的高质量陪伴不够。这种情况下，母亲如果硬生生地把孩子推出去，会伤到孩子。

古语讲，瓜熟蒂落。意思是说，果实如果能得到充足的养分，成熟的那一刻不需要外力就会自然脱落。孩子离开母亲也是一样的道理。孩子到了该与母亲分离的年龄，但是心理上并不愿意分离，无非是因为孩子在这之前从母亲那里获得的心理养分还不够。

还有一种常见的现象，有的孩子常常被父母评价为“胆小”。例如，“我们家孩子胆子可小了。别人抢他玩具，他都不敢抢回来，我真着急。他上幼儿园后会不会让人家欺负？”这样的孩子同样会被贴上“离不开父母”的标签。

我还见过这样的情景，孩子的玩具被别的小朋友抢走了，父母大声呵斥孩子：“你去抢呀，你被人家欺负了怎么不还击？真胆小！没出息！”如此，言语上是训斥，表情上是嫌弃。在这样的情况下，孩子当然更加胆怯。最常见的情况是，孩子会扑向母亲或者其他养育者以寻求安慰。

事实上，孩子的玩具被抢了，他有没有勇气抢回来，取决于其心理能量。不敢和小朋友争抢玩具的孩子，大多心理能量不足。这和成长环境有巨大关系。一般来讲，父母如果总是有意无意地为孩子灌输外部环境很危险的观念，孩子便不能自由地探索世界。再加上长期生活在缺乏共情能力的家长身边，孩子的心理能量自然不足。于是，在困难面前，他必然会退缩。

一次，一个家长领着孩子来我家玩，走的时候惊讶地对我说：“我发现我家孩子在你家比在自己家还随意。在家里她有时候都不敢上蹿下跳，在你家哪儿都敢去。她胆子变大了？咋回事？”

其实，原因就是我给孩子的限制没有那么多，孩子在我家更自由一些。孩子胆大和胆小都是心理能量的外部表现。通常，心理能量充足的孩子更加活跃，更敢于探索；心理能量不足的孩子则胆小怯懦，遇事更容易畏缩不前。

阅读互动

一、阅读本章，你有哪些触动和收获？

____

____

____

____

____

二、在养育孩子的过程中，你都会为哪些事感到焦虑？你有没有采用过错误的养育方式？你希望自己在哪些方面做出调整？

____

____

____

____

____

三、你认为，什么样的“爱”才是健康的爱？父母究竟应该如何“爱”孩子？